I0796812

HABLA
PARA
INFLUENCIAR

BRIAN TRACY Y MARGARITA PASOS
CON CHRISTINA TRACY STEIN, PHD

# HABLA PARA INFLUENCIAR

## CÓMO TENER ÉXITO CON EL DISCURSO PÚBLICO

HarperEnfoque

Publicado por Harper Enfoque, 501 Nelson Place, Nashville, TN, EUA.
Harper*Enfoque* es un sello de HarperCollins Focus
HarperCollins Focus es una división de HarperCollins Publishers.

Adaptación del libro original en inglés: *Speak to Win*

Publicado por AMACOM, Nueva York



HarperCollins Publishers, Macken House, 39/40 Mayor Street Upper, Dublin 1, D01 C9W8, Ireland (https://www.harpercollins.com)

Traducción y adaptación al español: Margarita Pasos
Adaptación del diseño al español: Mauricio Díaz

ISBN: 978-1-40035-068-1
eBook: 978-1-40034-767-4
Audio: 978-1-40035-069-8

La información sobre la clasificación de la Biblioteca del Congreso estará disponible previa solicitud.

Impreso en Estados Unidos de América
25 26 27 28 29 LBC 7 6 5 4 3

*Este libro está dedicado con cariño a mi esposa, Barbara, quien ha estado conmigo y me ha apoyado a lo largo de los años, mientras viajaba y hacía mis presentaciones en público por todo el mundo. Ella ha sido una compañera leal y comprensiva, una amiga y una madre maravillosa. Sin ella nada hubiera sido posible y gracias a su apoyo no ha habido límites.*

—BRIAN TRACY

*Este libro está dedicado a Dios, a quien le debo todo; a mi esposo y mentor Alejandro; a Brian Tracy, que tanto me ha enseñado; y a ti, que quieres aprender a comunicar para influir en otros y puedan vivir una vida mejor.*

—MARGARITA PASOS

# Contenido

# Introducción: Habla y gana

*Nuestro destino cambia según sean nuestros pensamientos. Nos convertiremos en lo que deseamos ser y haremos lo que queramos hacer cuando nuestros pensamientos habituales concuerden con nuestros deseos.*

—ORISON SWETT MARDEN

La destreza para hablar ante una audiencia es esencial para tu éxito. Hablar bien en público contribuye a que te ganes el respeto y la estima de los demás, a que seas más valioso para tu empresa y a que llames la atención de las personas clave que están en la capacidad de ayudarte y abrirte puertas. Por lo general, esta habilidad suele convencer a quienes te rodean de que eres más talentoso e inteligente que aquellos que no han desarrollado —al mismo nivel que tú— su potencial para hablar en público.

¿Cuál es tu activo más valioso? Tu *mente*. Una de las habilidades más preciadas que tienes es la capacidad para pensar bien y expresarte con claridad. Esta aptitud te ayudará, más que cualquier otro talento que tengas o quieras desarrollar, con el fin de ganar más y ser promovido más rápido que tus competidores. En definitiva, la única manera de demostrar tu dominio acerca de un tema específico es expresando tus pensamientos e ideas claramente, en voz alta y por escrito. Cuando eres convincente frente al público, la gente dice: «Esta persona realmente sabe de lo que está hablando».

La buena noticia es que tu mente es como un músculo. Mientras más uso le des, más fuerte y más capaz se vuelve. Organizar tus pensamientos y palabras por adelantado te hace estar más alerta y consciente de lo que estás diciendo y de cómo lo estás diciendo. El acto de planificar, preparar y dar charlas y presentaciones en público te obliga a utilizar tu mente a un nivel superior y, de hecho, te hace más inteligente.

## Elimina tu miedo y acelera tu carrera

Hace algunos años, impartí a un grupo de empresarios un seminario de un día sobre el tema de la eficacia ejecutiva. Durante la charla, destaqué la importancia de saber hablar bien e influir sobre las personas en el área de los negocios.

Al final de mi presentación, se me acercó uno de ellos algo tímido y me dijo que, a raíz de mis comentarios, él había decidido que iba a aprender a ser un buen orador. Estaba cansado de ser ignorado por sus supervisores y de que lo pasaran por alto cada vez que la empresa ascendía a nuevos cargos al personal.

Un año después, recibí una carta suya contándome su historia. Ese mismo día, tomó las medidas necesarias para comenzar a hacer efectiva su resolución. Fue así como se inscribió en Toastmasters y comenzó a asistir a reuniones semanales. En estas se pedía a cada participante que se pusiera de pie y hablara sobre algún tema. Luego, al final de la sesión, le daban a cada orador una calificación por su intervención.

Toastmasters utiliza el proceso de «desensibilización sistemática». Esto significa que si haces algo una y otra vez, terminarás volviéndote insensible a ello. En este caso, cuando hablas repetidamente delante de otros, llega un momento en que pierdes tus miedos y recelos a hablar en público.

Aquel empresario también tomó un curso en Dale Carnegie durante catorce semanas. En cada sesión le pedían que hablara frente a sus compañeros. En cuestión de seis meses hizo tantas presentaciones extensas y breves ante grupos de personas amigables, que gran parte de su miedo y su ansiedad al hablar en público desapareció. En lugar de eso, surgió en él una creciente confianza en su capacidad de expresarse ante una audiencia.

## Abre puertas a tu paso

En este punto de su crecimiento y desarrollo aproximadamente, hubo una pequeña emergencia en la empresa de ingeniería para la cual trabajaba. Uno de los socios tenía programado hacer una presentación ante el equipo de trabajo de uno de sus clientes, pero se enfermó y no le fue posible asistir a la reunión. Esto hizo que el jefe del empresario que me escribió le preguntara si él estaría dispuesto a preparar y presentar la propuesta de la empresa en lugar del socio enfermo, por lo que aceptó con gusto el encargo.

Así las cosas, se preparó minuciosamente durante toda la noche y en la mañana siguiente. Luego, se dirigió a la oficina del cliente, hizo una excelente presentación de los servicios de la empresa y consiguió el negocio. Cuando regresó a la oficina, su jefe le dijo que el presidente del posible cliente lo había llamado y le había agradecido por enviar a alguien que hiciera una presentación a ese nivel de excelencia de los servicios de la firma como la que él hizo.

Al cabo de unas semanas, terminó haciendo las presentaciones frente a los prospectos y clientes estables de la empresa. Fue ascendido una y otra vez. Pronto, se convirtió en un miembro de la alta dirección y luego en uno de los socios de la empresa. Me dijo que toda su vida cambió el día que decidió convertirse en un buen orador y comenzó a darle seguimiento a esa decisión con acciones específicas.

## Aumenta tu autoestima

Convertirte en un excelente orador te ayudará en todo aspecto de tu vida laboral. Pero hay una razón aún más importante para aprender a hablar bien ante una audiencia. Los sicólogos afirman que tu nivel de autoestima, o «cuánto te aprecias y te aceptas a ti mismo», determina en gran medida la calidad de tu vida a nivel tanto interior como exterior.

Cuanto mejor y más persuasivamente hables, más te gustará la persona que eres. Más optimista y confiado serás. Más positivo y afable te comportarás en tus relaciones interpersonales. Más sano, feliz y positivo serás en todo lo que hagas.

## Mejora tu autoimagen

Cuando aprendes a hablar con eficacia, tu autoimagen también mejora. Tu autoimagen es tu «espejo interior». Es la forma en que te ves y piensas acerca de ti mismo antes y durante cualquier evento. Cuanto más positiva sea tu autoimagen, más competente será tu desempeño. El acto mismo de visualizar tu desempeño al máximo antes de cualquier evento o actividad incrementará tu nivel de rendimiento.

Todos somos muy sensibles a los pensamientos, a los sentimientos y, sobre todo, a ganarnos el respeto de los demás. Somerset Maugham afirmó: «Todo lo que hacemos en la vida es para ganarnos el respeto de los demás o, al menos, para no perderlo». Entonces, cuando hablas bien, tu audiencia te quiere y te respeta más. Como resultado, también tú te gustas y te respetas más. Cuando recibes comentarios positivos de quienes te rodean como resultado de tu habilidad para hablar bien, tu autoimagen mejora. Te ves a ti mismo y piensas en ti de una manera más positiva. Desarrollas una sensación de poder personal. Caminas, hablas y actúas con mayor confianza.

## Hablar con excelencia es una habilidad que puedes aprender

La mejor noticia con respecto a hablar en público tal vez sea que es una habilidad que se puede aprender. En algún punto de su vida, la mayoría de quienes hoy son oradores competentes no lograba elevar ni siquiera una oración silenciosa en una cabina telefónica. Muchas personas que hoy se muestran seguras y elocuentes frente a una audiencia, alguna vez se sintieron aterrorizadas ante la idea de levantarse de su silla y hablar en público.

Tu objetivo debe ser estar entre el 10 % superior de quienes pertenecen al gremio de los comunicadores. Necesitas recordar continuamente que casi todos aquellos que hoy son parte de ese 10 % superior comenzaron estando entre el 10 % inferior. Es decir, a todo el que le va bien, alguna vez le fue mal. Como dice Harv Eker: «Todo experto fue alguna vez un desastre».

Habrás oído decir que la práctica hace la perfección. Algunas personas van incluso más allá y afirman que la práctica perfecta hace la perfección. Sin embargo, la verdad es que la práctica *imperfecta* también hace la perfección.

En tu trayecto al dominio del arte de hablar ante una audiencia cometerás muchos errores grandes y pequeños. A menudo, te sentirás nervioso e incapaz. Dirás cosas equivocadas y olvidarás decir las correctas. Murmurarás, tropezarás y hasta te preguntarás si alguna vez lo harás bien.

## Sal de tu zona de confort

Sin embargo, para lograr la excelencia en la oratoria o en cualquier campo, debes estar dispuesto a salir de tu zona de confort y entrar en tu zona de incomodidad. Si alguna vez quieres pasar a un nivel superior de competitividad, tendrás que disponerte a sentir torpeza e incomodidad durante tu crecimiento y desarrollo.

Puede que recuerdes la historia del famoso orador griego Demóstenes, considerado uno de los mejores expositores de la antigüedad. Sin embargo, cuando empezó su práctica en la oratoria, se sentía nervioso, tímido y preocupado tanto por su tartamudez como por su inexperiencia en el arte de hablar en público. Aun así, estaba decidido a ser un gran orador. Entonces, para superar sus dificultades, todos los días se ponía piedras en la boca y hablaba en voz alta frente al mar durante horas. Con el tiempo, logró eliminar su tartamudez y superó su impedimento del habla. Su voz se hizo más sonora, más fuerte y más firme. Fue así como se convirtió en uno de los grandes oradores de la historia.

Si eres un expositor principiante, este libro te mostrará cómo acelerar el proceso de hablar con propiedad, confianza y claridad. Si eres un poco más experimentado, este libro te brindará algunos de los métodos, las técnicas y las tácticas más eficaces de los grandes oradores en todas las áreas de los negocios, la política y el ámbito de la vida personal.

## Las cuatro D para hablar con excelencia

Para convertirte en un orador destacado, necesitas tener estas cuatro D:

1. *Deseo.* Primero, debes tener un *deseo* intenso y ardiente de saber cómo hablar bien frente a cualquier audiencia. Si tu deseo es lo suficientemente fuerte y quieres dominar el arte de la oratoria, nada podrá impedirte alcanzar tu objetivo. Pero el deseo no es suficiente.
2. *Decisión.* Toma en este mismo instante la *decisión* de que vas a hacer todo lo posible y necesario para superar cualquier obstáculo hasta llegar a ser excelente en este campo.
3. *Disciplina.* Desarrolla la *disciplina* que se requiere para

planificar, preparar y dar charlas y presentaciones. Hazlo una y otra vez, hasta que te conviertas en un experto. No hay atajos para evitar realizar el trabajo duro que se requiere en el desarrollo de una habilidad esencial.

4. *Determinación.* Por último, debes tener la *determinación* de persistir y perseverar a pesar de cualquier revés, obstáculo o vergüenza que se presenten en tu camino.

## El único límite eres tú mismo

Nuestros mayores enemigos son siempre nuestras propias dudas y todos nuestros miedos. Pero no hay límites para lo que quieres hacer, ser o tener, excepto los que te pones a ti mismo.

A lo largo de los años, he realizado más de 4.000 presentaciones y he hablado personalmente con más de 5.000.000 de personas en cuarenta y seis países. En las páginas siguientes, te llevaré de la mano y te mostraré paso a paso cómo desarrollar el coraje, la confianza y la competencia que se necesitan para ser un orador ganador en cualquier situación.

CAPÍTULO 1

# Las artes de la elocuencia y la oratoria

*Todos sus esfuerzos oratorios fueron con fines prácticos. Él nunca habló por el simple hecho de que lo escucharan.*

—ABRAHAM LINCOLN, EN SU PANEGÍRICO SOBRE HENRY CLAY

Para ser un gran orador, hay que ser un gran comunicador. Hablar en público es un arte y se basa en tu capacidad para comunicar con claridad tu mensaje e inspirar a tu audiencia para que piense, sienta y actúe de forma diferente gracias a tus palabras.

En este capítulo aprenderás varias técnicas para desarrollar tu arte como orador. También te enseñaremos cómo superar los dos obstáculos más comunes a los que se enfrentan los aspirantes a oradores: desarrollar un mensaje claro y organizado y aprender a conectar con el público mientras desarrollas la presencia escénica.

A fin de convertirte en un gran orador, aprenderás a diseñar un discurso con palabras concretas, sencillas y claras, que le faciliten el seguimiento a tu audiencia. Aprenderás a organizar lógicamente tu mensaje con un principio, un intermedio y un desenlace. Te enseñaremos tanto una estructura sencilla como otra más compleja que servirán de guía para organizar tu mensaje de forma que puedas transmitirlo con impacto.

Para conectar con tu audiencia necesitas conocer y preocuparte por el propósito de tu mensaje antes de poder convencerlos de que se interesen. Tu mensaje tiene que ser significativo y relevante para ellos. Empieza por decidir exactamente qué quieres que tu público piense, sienta y haga debido a tu charla.

Cuando transmites tu mensaje con claridad, la audiencia les presta atención a ti y a lo que dices. Cuando el público se involucra, le da un impulso a tu confianza y apoya tu presencia en el escenario. Tu presencia y capacidad para inspirar al público dependen de cuán auténtico seas. Tu objetivo como orador es reconocer y utilizar tu voz, experiencia y perspectiva únicas y presentarte con autenticidad, de modo que establezcas una presencia natural con tu público. Empecemos.

**—CHRISTINA**

A lo largo de la historia, el punto máximo de la eficacia humana ha sido la capacidad de persuadir a los demás. Como tal, el objetivo o la meta de hablar en público es provocar que se lleve a cabo una acción que no habría tenido lugar en ausencia de las palabras del orador. Por ejemplo, cuando Demóstenes hablaba, la gente decía: «¡Qué bueno es él como orador!». Pero, cuando Alcibíades hablaba, la gente decía: «¡Marchemos!».

Tu trabajo como orador es motivar e impulsar a tus oyentes a pensar, sentir y actuar de manera diferente como resultado de tus palabras. Es llevarlos a actuar con respecto a algo. Es motivarlos a «¡marchar!».

Afortunadamente, convertirte en un experto orador y comunicador empresarial es una habilidad que puedes aprender. Si aprendiste a conducir un auto, usar un computador o un teléfono celular, también podrás convertirte en un orador eficaz y cambiar no solo tu vida, sino la de tus oyentes.

## Los tres elementos de la persuasión

Aristóteles fue el primer gran filósofo en reconocer la importancia de la oratoria como herramienta esencial del líder. Dividió cada uno de los elementos esenciales de la persuasión en tres partes: *logos* (lógica), *ethos* (ética) y *pathos* (emoción). Veamos en qué consisten.

*Logos* se refiere a la lógica, a las palabras y a las razones que forman parte de un argumento sólido. Es importante que todas las cosas que digas encajen como eslabones de una cadena, o como las piezas de un rompecabezas, para formar una declaración o un argumento. Cuando pienses y planifiques tu conferencia, organiza los diversos puntos que vas a tratar en ella mediante una secuencia que vaya de lo general a lo particular, de un principio a un final, basándote en el punto anterior para explicar el siguiente y así forjar un argumento persuasivo.

El segundo aspecto de la persuasión es *ethos*. Este se refiere a tu carácter, a tu ética y a tu credibilidad cuando hablas. Aumentar tu credibilidad con la audiencia antes y durante tu discurso incrementa la probabilidad de que los oyentes acepten tus argumentos y actúen de acuerdo a tus recomendaciones.

El tercer aspecto de la persuasión es *pathos*. Este tiene que ver con el contenido emocional de tu argumento y es quizás el aspecto más importante. Solo cuando te conectas emocionalmente con las personas y las conmueves a un nivel fundamental puedes motivarlas a cambiar su forma de pensar y a realizar una acción particular.

Estos tres elementos —*logos, ethos* y *pathos*— deberán entrelazarse si quieres conmover a tus oyentes y persuadirlos a considerar tu punto de vista.

## Los tres componentes de tu mensaje

Hace algunos años, Albert Mehrabian, de la Universidad de California, Los Ángeles —mejor conocida como UCLA—, llevó a cabo una serie de estudios sobre la comunicación efectiva. Concluyó que hay tres componentes de cualquier mensaje hablado: las palabras, el tono de la voz y el lenguaje corporal del hablante.

### Las palabras

Según Mehrabian, sorprendentemente, las palabras son solo el 7 % de la totalidad del mensaje transmitido. Por supuesto, las palabras que usas son de vital importancia y debes seleccionarlas con mucho cuidado. Estas deben estar organizadas en una secuencia adecuada y ser correctas desde el punto de vista gramatical. Sin embargo, todo el mundo ha oído a un orador aburrido y académico cuyas palabras fueron brillantes, pero cuyo mensaje fracasó. Por consiguiente, las palabras por sí solas no son suficientes cuando se trata de comunicar bien un mensaje.

### El tono de voz

El segundo elemento de la comunicación que Mehrabian identificó fue el tono de la voz. Según sus cálculos, el 38 % del mensaje depende de la tonalidad del hablante y del énfasis de algunas palabras específicas.

Recita la frase «Te quiero mucho». Al poner el énfasis en cualquiera de estas palabras o al hacer de esta frase una pregunta en lugar de una afirmación, cambiarás todo su significado. Inténtalo. Haz que tu tono manifieste una sincera afirmación o una pregunta. Observa cómo el significado es completamente diferente con solo centrarte en una palabra específica.

Todo hombre ha tenido la experiencia de discutir por algún tema sencillo con la mujer de su vida. Debido a que los hombres tienden a usar las palabras como herramientas y las mujeres son propensas a utilizarlas para construir la relación y generar comprensión, cada uno de ellos escucha las mismas palabras, pero de manera diferente. Por ejemplo, quizás ella se enoje o se sienta lastimada por algo que él dijo. Entonces, él responderá, diciendo: «Pero si lo que acabo de decir es esto y esto».

Ella dirá enojada: «Lo que me molestó no fue lo que dijiste, sino la forma en que lo dijiste».

Al cambiar de manera deliberada tu tono de voz, y siendo consciente de lo importante que eso es, modificarás por completo tu mensaje, así como el efecto posterior que este tenga en tus oyentes.

### El lenguaje corporal

Mehrabian también descubrió que el 55 % del mensaje está contenido en el lenguaje corporal del hablante. Esto se debe a que hay veintidós veces más nervios conectados del ojo al cerebro que del oído al cerebro.

Por este motivo, las impresiones visuales son muy poderosas.

## Sé consciente de tu estilo de comunicación

Los comunicadores excelentes siempre prestan atención al efecto que tiene su lenguaje corporal y a cómo este influye en el nivel de aceptación del mensaje que están tratando de transmitir.

Cuando tus brazos cuelgan libremente a tus costados, con las palmas hacia afuera y en pose abierta, y miras directamente a la audiencia sonriendo mientras hablas, tus oyentes se relajan y absorben tu mensaje como una esponja al agua. Si tu rostro luce serio y apretado, con los brazos cruzados o tus manos agarrando el atril, tus oyentes reaccionan como si su padre —enojado— los estuviera regañando. Así que se cierran y se ponen a la defensiva, resistiéndose a tu mensaje y a tu intento por persuadirlos a pensar y actuar de una manera en particular. ¡El lenguaje corporal es muy importante!

Debido a que he dado muchas charlas frente a tantas audiencias, es muy común que los oradores me pidan mis comentarios sobre la conferencia o el seminario que ellos acaban de presentar. Siempre soy reacio a hacerles observaciones críticas, porque la gente —en general— parece ser hipersensible a las opiniones que no son entusiastas y positivas. Sin embargo, es sorprendente la frecuencia con la que doy el mismo consejo: «Tranquilízate, haz una pausa y luego sonríe a medida que vas desarrollando tus puntos y haciendo tus afirmaciones».

Es igualmente sorprendente ver cuántos oradores siguen este consejo y notan una diferencia inmediata y positiva en cuanto a la forma en que sus audiencias responden. Cuando te calmas y bajas la velocidad, tus palabras son más claras y tú luces más articulado. Tu tono de voz es más agradable y placentero. Y cuando sonríes, irradias calidez, amistad y aceptación. Esto hace que tu audiencia se relaje y se vuelva más receptiva a tu mensaje. Hablaremos más sobre esto en el capítulo 8.

**Margarita**

Es importante también pensar en el contacto visual y el manejo de la voz. Cuando subas a un escenario, divide a la audiencia en tu mente en tres: la derecha, el centro y la izquierda. Asegúrate constantemente de estar mirando a las tres áreas. Incluso si te encuentras en un teatro y hay un grupo arriba, trata de dirigirte a ellos. Lo importante es que el contacto visual no esté dirigido solamente a una parte del recinto. Si solo miro a la derecha, el resto de las personas van a sentir que las estoy dejando afuera.

Lo que yo hago muchas veces es mirar a una persona a los ojos por uno o dos segundos. Inmediatamente después miro a otra, luego a otra y luego a otra. No te quedes mirando fijamente a alguien por más de dos o tres segundos, porque la persona se puede sentir intimidada.

Ahora bien, cuando hablas en cámara, el tema del contacto visual es diferente. Si estás en Zoom, es posible que estés viendo a alguien en la pantalla, o que estés viendo tu propia imagen. Eso hará que en tu video aparezcas como mirando a un lado o hacia abajo. Si vas a hacer un «en vivo» o un video para las redes sociales, mira directo a la cámara. Para vencer los nervios, imagina que la cámara es una persona con quien te sientes muy cómodo hablando, por ejemplo, tu mejor amigo, tu pareja o quizás tu mamá. No te sientas intimidado por ella, recuerda que la cámara es un objeto inanimado y tu amiga. Es tu amiga porque te permite llevar tu mensaje a muchas personas a distancias inimaginables. Y así como no te da miedo hablar frente a un vaso, una mesa o cualquier otro objeto sin vida, la cámara no tiene por qué darte nervios. Recuerda pensar todo el tiempo que le estás hablando a tu ser más querido y mirándolo directo a los ojos.

## Una estructura simple para hacer charlas cortas

Hay una estructura simple que consta de tres partes útiles para diseñar cualquier discurso. Puedes utilizar este modelo durante una charla de un minuto o para hacer una presentación de media hora.

### Primera parte

La primera parte es la apertura. Simplemente, le dices a la audiencia lo que vas a expresar en tu discurso. Por ejemplo, podrías decir: «Gracias por estar aquí. En los próximos minutos, quiero contarles sobre los tres problemas que enfrenta nuestra industria hoy y qué podemos hacer en los siguientes meses, para convertirlos en nuestra ventaja».

Esta apertura prepara al público y le da a tu discurso una pista sobre la cual avanzar.

### Segunda parte

La segunda parte es comunicarle a tu audiencia lo que le prometiste durante la apertura. Puede constar de uno, dos o tres puntos. Si es un discurso corto, te recomiendo incluir tres puntos clave desarrollados en secuencia. Por ejemplo, podrías decir: «Nos enfrentamos a una competencia cada vez mayor, así como a una reducción de los márgenes de beneficio y al cambio de los gustos de los clientes. Miremos en orden cada uno de estos puntos y pensemos en formas alternas de lidiar con ellos de manera efectiva».

### Tercera parte

La tercera parte del discurso es un resumen de lo que acabas de decirle a la audiencia. Nunca debes esperar que tus oyentes memoricen todo lo que les dijiste desde la primera vez que lo escuchan. Hacer un repaso, resumir y repetir es útil y agradable para tu audiencia. Por ejemplo, podrías decir:

> En resumen, para hacerle frente al aumento de la competencia, debemos mejorar la calidad de nuestras ofertas y la velocidad con la que se las entregamos a nuestros clientes. Para enfrentar a los mercados en contracción, debemos expandirnos a nuevas plazas e incrementar nuestras ofertas de tal manera que atraigamos nuevos clientes. Para enfrentar los cambios en los gustos de nuestra clientela, necesitamos desarrollar productos que se ajusten a lo que ellos quieren actualmente, en vez de lo que pudieran haber querido en el pasado. Nuestro compromiso conjunto con estos tres objetivos no solo nos permitirá sobrevivir, sino también prosperar

a lo largo de la nueva etapa que se avecina para nuestra industria. Gracias.

## Tienes un trabajo por hacer

Peggy Noonan, redactora de los discursos de Ronald Reagan, escribió: «Cada discurso tiene una tarea que cumplir».

Una de las cosas más importantes que debes hacer antes de hablar es empezar pensando en el fin. Determina lo que quieres lograr con tu charla. Hazte la que yo llamo la «pregunta objetivo». Por ejemplo: «Si después de mi presentación entrevistaran a la gente y les preguntaran a los asistentes: "¿Qué obtuviste de este discurso y qué vas a hacer al respecto?", ¿qué me gustaría que dijeran?». Todo en tu discurso, desde la apertura, pasando por el cuerpo y hasta tus observaciones finales, deberá apuntar a lograr este objetivo.

Cuando trabajo con clientes corporativos, les pido que me digan cuál es su «pregunta objetivo». También les pregunto por qué me invitan a hablar y qué objetivo u objetivos quieren que yo alcance con su audiencia. Luego, intercambiamos ideas y acordamos exactamente cómo queremos que la audiencia piense, sienta y actúe después de mi intervención. Una vez que ambas partes tenemos claro lo que queremos lograr, diseño el contenido de mi discurso, considerando ese propósito desde el principio hasta el final, para así garantizar que logremos ese resultado. Haz tú lo mismo.

## Una estructura compleja para discursos más largos

Al diseñar una presentación más extensa, utilizo una estructura más compleja. Consta de las siguientes ocho partes, cada una de las cuales desarrollaré y explicaré en las páginas siguientes.

1. *La apertura.* El propósito de la apertura es conseguir la atención del público. Es crucial generar expectativas y centrar a los oyentes en el hablante. De nada sirve hablar si nadie escucha o no está prestando atención.
2. *La introducción.* Aquí es donde le dices a la audiencia qué esperar con tu intervención y por qué eso es importante.
3. *El primer punto.* Aquí es donde haces la transición al cuerpo de tu charla. El propósito de tu primer punto es preparar a la audiencia y comenzar a cumplir tu promesa inicial.
4. *La transición al siguiente punto.* Debes dejar claro que has terminado con el punto inicial y que pasarás a otro punto. Esto, en sí mismo, es un arte.
5. *El segundo punto clave.* Como es lógico, este punto debe derivarse de tu primer punto.
6. *Otra transición.* Aquí dejas claro que estás pasando a otro punto.
7. *El tercer punto clave.* Este fluye naturalmente de los dos primeros y aquí comienzas a avanzar hacia el final de tu presentación.
8. *El resumen.* Esta es tu conclusión y el llamado a la acción.

En el capítulo 2, verás cómo organizar y desarrollar tu presentación de tal modo que logres cada uno de estos objetivos en el orden y la secuencia adecuados.

Cuando se trata de aprender a hablar con eficacia frente al público, no hay sustituto para la práctica, especialmente haciéndolo en voz alta. A lo largo de los años, he observado cientos de charlas impartidas, tanto por aficionados como por profesionales, y siempre se nota si ellos han practicado o no a fondo y de antemano.

## Habla con poder y presencia

En una ocasión, le preguntaron al popular autor Elbert Hubbard cómo se llega a ser escritor. Él respondió: «La única manera de aprender a escribir es escribir y escribir y escribir y escribir y escribir y escribir y escribir».

Asimismo, para aprender el arte de hablar, la única manera es hablar y hablar y hablar y hablar y hablar y hablar y hablar. Aprender a hablar es igual que aprender cualquier otra habilidad. Se requiere práctica y más práctica hasta que domines la capacidad de comunicarte y persuadir.

Una de las maneras más eficaces para mejorar tu estilo y tu capacidad para hablar en público es recitar poesía en voz alta. Memoriza un poema que disfrutes, uno con una gran historia, que contenga versos maravillosos. Recítalo una y otra vez y otra vez. Cada vez que lo recites en voz alta, pon energía y pasión en tu voz. Varía el ritmo, el tono y el énfasis que hagas sobre las distintas palabras. Imagina que estás audicionando para ganarte un papel importante en una película de gran presupuesto que te hará rico y famoso. Di cada línea como si fuera demasiado importante para ti conectarte de modo emocional y entusiasta con el oyente.

Cuando lees buena poesía, no solo aprendes a decir bien cada verso, sino también a usar una variedad más amplia de palabras, de tal modo que puedas exponer tus puntos de forma más efectiva. La regla es esta: la gente olvida lo que dijiste, pero recordará cómo lo dijiste. A medida que cambias el énfasis de una palabra a otra y de una frase a otra frase, vas desarrollando una habilidad casi musical para hablar, de tal manera que los oyentes queden atrapados en tu mensaje.

Otro gran ejercicio es leer a Shakespeare, especialmente los monólogos famosos de *Hamlet, Macbeth, Julio César* y *Romeo y Julieta*. Cuando lees estos maravillosos monólogos y soliloquios, amplías tu dominio del lenguaje y tu competencia en retórica y persuasión.

## Aprende de los demás

Una de las mejores prácticas para convertirte en un mejor orador es escuchar a tantos otros como te sea posible. Toma nota. Mira cómo caminan, hablan, se mueven y gesticulan. Observa cómo un expositor experimentado inicia su presentación; cómo hace la transición al cuerpo del mensaje; cuáles son sus ejemplos, ilustraciones y qué uso hace del humor; cómo concluye su charla y le dedica parte de su tiempo al público.

Haz una lista de los puntos que deseas observar, desde la apertura hasta el final, y asígnale al orador una calificación del uno al diez por cada uno de esos puntos. Piensa en qué y en cómo él o ella podría haber hecho algo mejor y también cómo lo harías mejor tú mismo.

Escucha algunos de los mejores discursos pronunciados. Reprodúcelos una y otra vez y fíjate en cómo el orador utiliza el *logos*, el *ethos* y el *pathos* para persuadir al oyente a pensar, sentir y actuar diferente.

## Resumen

Lo maravilloso de la comunicación es que no es posible empeorarla si la pones en práctica. Para dominar las artes del habla y la retórica necesitas estar preparado para aprender y practicar una y otra vez durante meses e incluso años. No hay atajos.

También es importante recordar que la preparación es la cualidad que separa a la mediocridad de la grandeza. Así que dedica tiempo a desarrollar tu lógica al hablar, planificar tus palabras y enfocarte en cumplir la meta de decir lo que le prometiste a tu audiencia que dirías. Además, practica. Cada nueva línea de poesía que recuerdes y recites, cada monólogo que pronuncies en voz alta, cada orador que observes y evalúes aumenta tu capacidad para convertirte en un excelente orador. No hay límites para lograrlo.

## MARGARITA

Desde muy pequeña disfruté de la comunicación y la oratoria. Gané mi primer concurso de escritura a los diez años con un cuento que nos pidieron en el colegio. Recuerdo la alegría de verlo publicado en un periódico de la ciudad y el orgullo que sentía.

Han pasado más de cuarenta años de que escribiera esa historia y desde entonces he pisado escenarios en más de ochenta ciudades en dos continentes; he hecho presentaciones y participado en televisión, radio, pódcast; y he compartido escenario con Brian, con quien hoy tengo el honor de coescribir este libro, Tony Robbins, John Maxwell, Les Brown, Gary Vee y muchos gigantes que antes se sentían «inalcanzables» para mí. Sin embargo, ¿cómo llega una niña de Medellín, Colombia, a lograr estar en escenarios tan especiales? Como les dijo Brian, hablando, hablando, hablando y hablando, y yo le agregaría estudiando, estudiando, estudiando y estudiando. Por décadas no solo he observado a otros, sino que me he observado mucho a mí misma. Verte en video al principio es de las cosas más extrañas e incluso incómodas que podrían pasarte, pero resulta invaluable. Obsérvate con generosidad, como quien observa a un amigo y le dice con todas las mejores intenciones lo que hace bien y lo que puede mejorar.

### Mejorar tu oratoria no significa «perder tu esencia»

En un mundo de fotocopias, sé un original. Esta frase la saqué de una muy parecida de Carlo Acutis, un joven *youtuber* que ha sido considerado santo por la iglesia católica. Su frase más destacada es: «Todas las personas nacen como originales, pero muchas mueren como fotocopias». La expresión me pareció hermosa, porque hoy en día muchas personas quieren parecerse a tal o cual orador, a tal o cual *influencer*, cuando en realidad lo que la gente más va a apreciar es tu originalidad.

En las escuelas de oratoria de antes les enseñaban a los estudiantes —a los futuros comunicadores, conferencistas o presentadores de televisión— a hablar muy parecido. Era necesario eliminar al máximo tu acento o «neutralizarlo», así como usar ciertas palabras con mucha propiedad, siendo casi un pecado equivocarse frente a una audiencia. Hoy en día las redes sociales han roto con todos estos paradigmas, y si te das cuenta, los mayores *influencers*, muchos de los grandes oradores, las personas que llegan más lejos, son muy originales en su modo de ser.

Por lo tanto, sé tú. Obviamente puedes y debes mejorar en lo que respecta a disminuir tu uso de muletillas, tratando de pronunciar bien las palabras si es que de pronto hablas muy rápido, pero no te esfuerces tanto en usar palabras y acentos «perfectos» al punto de llegar a hacer que tu expresión se sienta falsa o fingida, o que quieras dar la impresión de ser el orador por excelencia. Estas técnicas hoy en día no conectan igual. El mundo ha cambiado.

Te voy a dar un ejemplo. Yo tuve mi pódcast, *Yo pude, ¡tú puedes!*, sola por un año. Un año después decidí empezar a presentarlo y producirlo con mi hija Sofía. Soy colombiana, pero presenté un programa de televisión por trece años en Nicaragua y entrené mi voz para tener un acento más neutro. Sofía nunca ha estudiado comunicación, nació en Miami, vivió sus primeros años en Miami, pasó parte de su niñez y adolescencia en Nicaragua, en un colegio americano, y su papá, mi esposo Alejandro, quien creció en Estados Unidos, habla un tipo de español mezclado con inglés al que llamamos *spanglish*. Para hacerte el resumen, en mi casa se ha hablado y se habla hasta el día de hoy una combinación de español con inglés y de colombiano con nicaragüense. ¿Te imaginas el «arroz con mango»? Mis hijos hablan así, *spanglish*.

Cuando íbamos a hacer el primer día del pódcast, Sofía estaba muy nerviosa y yo no entendía por qué, ya que en realidad éramos solo ella y yo, un camarógrafo y las cámaras. Hasta que le pregunté: «¿Pero qué es lo que más te asusta? ¿Qué es lo que te tiene con tantos nervios si esto no es en vivo? Si no te gusta, no lo transmitimos, nadie te está viendo ahorita». Y me dijo: *«Mamá, lo que pasa es que hay veces que yo trato de decir una palabra en español y no la encuentro en mi mente, porque siempre la he dicho en inglés».* En ese momento me reí y le contesté con la frase que mencioné antes en este capítulo: «En un mundo lleno de fotocopias, sé un original. Esa eres tú, Sofía, así hablas tú. Va a haber gente, hay mucha gente, sobre todo en Estados Unidos, que habla como tú y va a conectarse contigo. Otros puede que no conecten, pero lo importante es entender que cuando tratas de conectar con todo el mundo, es probable que no conectes con muchas personas». La gente ama la originalidad de Sofía, nos ha ido muy bien en el pódcast y muchas personas se conectan con ella. Pero cuidado, pues esto que te acabo de decir sobre la originalidad es muy importante en el mundo digital: las redes sociales y los pódcast. Si por el contrario estás en un auditorio corporativo con mil personas, por ejemplo, dando un discurso de liderazgo, es importante que busques las palabras en español antes de dar el discurso, pues TODOS los que están allí deben entenderte. En el mundo digital los algoritmos y las comunidades te ayudarán a ir conectándote con personas que se identifican contigo, pero cuando eres contratado o invitado a dar un discurso con un objetivo claro, manteniendo también tu estilo, es riesgoso mezclar dos idiomas, pues puedes dejar a parte de tu audiencia «por fuera».

Entonces, cuando empieces a dar y crear tus discursos, ya sea para las redes sociales, un pódcast o un escenario, no pierdas tu chispa, tu originalidad, aquello que te hace diferente.

Tengo una amiga que también da conferencias, y cada vez que se sube a un escenario lleva puesto un vestido muy elegante, voluminoso y colorido. Esa es ella, esa es su marca y así la conocemos y la queremos. Sin embargo, yo no soy una persona que usa vestidos, es más, ni siquiera me gustan las faldas, y estoy segura de que me sentiría muy incómoda vestida de falda en un escenario y la audiencia probablemente lo notaría. De modo que uso trajes para mis conferencias, muchas veces de chaqueta, pantalones y tenis o zapatos bajos. No pierdo mi esencia, pero me visto de manera adecuada para el escenario. Ella está vestida de manera adecuada y yo también. No obstante, ella está siendo ella y yo estoy siendo yo. No pierdas tu originalidad. La gente conecta muchísimo con las personas auténticas.

Dejando aparte la combinación de dos idiomas, en español tenemos el vos, el usted y el tú. Esto también es parte de tu sello y tu manera de hablar. Yo soy una persona que tutea, por lo tanto, mi marca tutea y también lo hago cuando estoy dando una conferencia. Sin embargo, si dentro del público hay una persona con un título muy importante, una eminencia muy grande, vamos a decir, un cardenal, un presidente de un país, una alcaldesa, un doctor *honoris causa*, etc., es probable que le hable de usted, ya que en mi ciudad, Medellín, el usted es un símbolo de respeto. Pero aparte de un caso como este, tuteo a mi audiencia. Entonces te pregunto, ¿cómo le hablas tú a la gente? ¿Normalmente hablas de vos, tú o usted? ¿Cómo puedes usarlo o incluso variarlo en algún momento si la circunstancia lo amerita? El español nos da esa gran riqueza, muy diferente al inglés, donde solamente existe el *you*.

En el próximo capítulo, Brian te va a hablar de la preparación y parte de ella es conocer muy bien a tu audiencia. No puedes hablar igual ante una audiencia de ejecutivos de banca que frente a adolescentes artistas o a un grupo de personas con un nivel educativo muy básico. Para conectar hay que conocerlos y hacer las preguntas adecuadas, que Brian te enseñará en el capítulo 2.

## Ejercicio

Usa tu celular y grábate haciendo dos discursos de un tema que te apasione:

- Uno de cinco minutos, usando la estructura simple de tres partes que te enseñó Brian en este capítulo.
- Uno de treinta minutos, usando la estructura de ocho pasos que te enseñó Brian en este capítulo.

Evalúate en cada uno contestando lo siguiente:
¿Captaste la atención en los primeros segundos de las personas que quieres que te escuchen? ¿Qué puedes hacer para mejorar la apertura?

______________________________________________

______________________________________________

______________________________________________

¿Crees que mantuviste la atención y el interés de tu audiencia hasta el final? ¿Qué hiciste bien y qué puedes hacer mejor para mantener la atención?

______________________________________________

______________________________________________

______________________________________________

¿Variaste el tono de voz, el volumen y la velocidad para resaltar o acentuar diferentes momentos y emociones, o fuiste monótono (mono - tono)? ¿Qué hiciste bien y qué puedes hacer mejor para usar diferentes volúmenes y velocidades en momentos clave de tu discurso?

¿Cerraste con fuerza y dejando un mensaje contundente o llamado a la acción?

## Usa la inteligencia artificial como tu asistente

La inteligencia artificial está presente y hay que adaptarse. Cuando tengas tu discurso, puedes usar este *prompt* u orden en ChatGpt, Grok, Claude o tu IA preferida y apoyarte en ella para mejorar tu discurso, encontrar mejores ganchos de apertura, historias y cierre:

*Actúa como un orador profesional y usa los siguientes ocho pasos de Brian Tracy para un discurso (inserta los ocho pasos) en el escrito que sigue (inserta tu discurso). Las personas a quienes quiero llegar con este discurso son (escribe quién será tu audiencia, edad, nivel educativo, si tienen una profesión, hobby o problema en común). Asegúrate de usar una apertura y un cierre muy poderosos que pueden incluir frases célebres, historias o preguntas. Este discurso debe durar treinta minutos.*

Escríbele el *prompt* completo a la inteligencia artificial y empieza a ver diferentes versiones de tu discurso. Inspírate y aprovéchala.

CAPÍTULO 2

# La planificación y la preparación simplifican las cosas

*El verdadero valor de una persona debe medirse según sean los objetivos que persigue.*

—MARCO AURELIO

¿Sabías que el 90 % de tu éxito como orador dependerá de lo bien que planifiques tu discurso? De hecho, lo mejor que puedes hacer no es solo estar preparado, sino estarlo en exceso. Estar preparado significa conocer y comprender a tu público, y a continuación crear una presentación bien estructurada que pueda pronunciarse con impacto.

Una presentación bien estructurada es tu base. Garantiza que mantendrás la claridad en la exposición y permanecerás concentrado durante tu discurso. Además, una charla organizada facilita que el público la siga y se mantenga interesado y comprometido contigo. Mientras más conozcas el contenido y su estructura, más seguro y menos ansioso te sentirás al hablar. Tu confianza y autenticidad te mantendrán conectado, y esa conexión te permitirá tener influencia. En este capítulo vamos a mostrarte métodos específicos que te ayudarán a desarrollar tu presentación de principio a fin. Aprenderás una estructura que te enseñará a organizar tus pensamientos de forma clara y lógica, y a continuación aprenderás a desarrollar tus ideas clave, de modo que logres el objetivo de tu charla y dejes una impresión duradera.

Si investigas con antelación y comprendes a tu público antes de desarrollar tu discurso, podrás adaptar tu mensaje, tono, ejemplos y presentación para asegurarte de causar el mayor impacto. Cuando le hablas a tu audiencia de lo que quieren, necesitan y les interesa, se crea una conexión que hace que te quieran y confíen en ti, porque les hablas directamente como si los conocieras y te preocuparas por ellos. En este capítulo aprenderás a investigar por adelantado diferentes aspectos de tu audiencia para poder preparar un mensaje que sea relevante y significativo.

**—CHRISTINA**

El 90 % de tu éxito como orador estará determinado por lo bien que planifiques tus presentaciones en público.

Ernest Hemingway escribió: «Debes saber diez palabras por cada una que escribas o el lector sentirá que lo que escribes no es cierto». Sin embargo, en lo referente a hablar en público, debes leer e investigar *100 palabras* por cada una que pronuncies o el oyente sabrá que estás diciendo lo primero que se te viene a la cabeza. Tendrá la sensación de que te falta un conocimiento profundo en el tema que estás desarrollando, por lo cual no solo debes estar preparado, sino hacerlo muy bien.

La mala preparación ante un público inteligente y exigente degrada automáticamente tu credibilidad, tu *ethos*. Si no estás preparado o, incluso peor, si les dices a tus oyentes que «no eres un experto en este tema», de inmediato se desconectarán de tu mensaje, no importa lo bueno que este sea.

Por otro lado, una excelente preparación se hace evidente en solo un instante. Aumenta tu credibilidad. Tu preparación impacta a tus oyentes y los hace estar más abiertos y receptivos a tu mensaje.

## Comienza por averiguar las características y los datos demográficos de tu audiencia

El punto de partida de la preparación debe estar enfocado en tu audiencia. Recuérdalo, no se trata de ti; se trata de *ellos*.

Empieza como si fueras un investigador de mercados y estuvieras decidido a comprender plenamente a tus clientes. ¿Quiénes son exactamente? ¿Quiénes estarán en la audiencia? Esta es la clave para realizar una excelente preparación y hacer una presentación efectiva. Te daré algunos detalles demográficos que son útiles para adaptar tus discursos.

### Edad y rango etario

¿Qué edades tienen los miembros de tu audiencia y entre qué rangos oscilan? Las audiencias más jóvenes tienen diversas interpretaciones, distinto conocimiento cultural y orígenes diferentes a los de las audiencias conformadas por personas mayores. Saber su edad es muy importante.

### Género

¿Cuál es la mezcla de género en tu audiencia? A veces, mi audiencia será 50 % de hombres y 50 % de mujeres. Otras veces, será 95 % de hombres o 95 % de mujeres. Esta división de género influirá en cómo diseñas y desarrollas tus puntos y haces tus comentarios.

### Ingresos

¿Cuáles son los ingresos de las personas que forman parte de tu audiencia? ¿Cuánto ganan en promedio? ¿Cuál es su rango de ingresos, desde el menor hasta el mayor? En particular, ¿cómo obtienen ellos sus ingresos y qué influye en esos ingresos? Saber esto suele contribuir a que te refieras a temas relacionados con el dinero y los ingresos de la manera más aceptable para el mayor número de oyentes posible.

### Educación

¿Cuál es el nivel de estudios de las personas que estarán entre tu audiencia? ¿Son en su mayoría graduadas de secundaria? ¿De la universidad? ¿Tienen títulos en artes liberales o títulos de ingeniería? Conocer el tipo de educación que tienen tus oyentes te ayuda a elegir ejemplos, ilustraciones y un vocabulario que sean relevantes para ellos.

### Ocupación

¿A qué se dedican los miembros de tu audiencia? ¿Cuánto tiempo han estado trabajando en sus campos de acción específicos? ¿Qué está pasando hoy en esas esferas en particular? ¿Es este un momento de auge o de caída para el trabajo que ellos hacen?

### Estatus familiar

¿Cuál es el estatus familiar de tu audiencia? ¿Son en su mayoría casados, solteros, divorciados o viudos? ¿La mayoría tiene hijos? Estos son hechos esenciales que necesitas investigar.

### Familiaridad del público con tu tema

¿Qué tan familiarizada está la audiencia con tu tema? ¿Cuánto sabe de lo que vas a decir? ¿Son principiantes los asistentes, o tienen algo de conocimiento en el tema a tratar? Si lo sabes, podrás decidir con más facilidad y certeza qué tan complejo o simple será el contenido de tu presentación.

### ¿Cómo piensan?

Evalúa lo que piensan quienes forman parte de la audiencia mediante estas preguntas:

- ¿Cuáles son sus objetivos y aspiraciones?
- ¿Cuáles son sus expectativas y temores en relación con este tema?
- ¿Qué necesidades tienen ellos que puedas satisfacer con tus comentarios y tus ideas?
- ¿Cuáles son sus valores y creencias?
- ¿Cuál es su orientación política?
- ¿Qué tipo de sentimientos o compromisos religiosos tienen?
- ¿Cuáles son sus preocupaciones, inquietudes o problemas?

Comprender el contexto emocional que las personas traen a tu charla suele ser muy útil para conectarte con ellas. Hacerles estas preguntas con antelación a los organizadores de las reuniones y estudiar sus sitios web y los materiales publicados te ayudará a obtener las respuestas que necesitas para preparar una presentación lo más adecuada posible a tu público.

### Deseos en común

Es importante entender qué sueños, metas o ideas unen a tu audiencia. Te daré un ejemplo. Suelo hablar ante muchas audiencias de profesionales en ventas, emprendedores, dueños de negocios y comercializadores en red. El común denominador entre ellos es que todos quieren tener éxito financiero. Por eso, todo lo que hablo está relacionado con cómo ellos pueden usar ciertas ideas para aumentar sus ingresos y su nivel de rentabilidad. Como resultado de adoptar este enfoque, noto que los asistentes suelen inclinarse hacia adelante para escuchar con total atención y absorber así cada palabra que digo. A menudo, me brindan ovaciones de pie. Tú también puedes hacer lo mismo.

### ¿Qué está pasando en sus vidas?

En una ocasión, fui contratado para hablar en nombre de una gran corporación nacional que vendía sus productos a través de minoristas y distribuidores por todo el país. Me invitaron para hablar después de la reunión de la organización. Los ejecutivos habían hecho un anuncio importante. La noticia era que, en treinta días a partir de la fecha, la empresa iba a empezar a venderles sus productos directamente a los clientes y lo iba a hacer con los mismos precios que ofrecían los vendedores. La diferencia era que la empresa les acreditaría a los compradores las comisiones de ventas que normalmente les pagarían a sus vendedores, siempre y cuando los clientes compraran directo a la fábrica.

Como te imaginarás, los vendedores que hacían parte de la audiencia cayeron en un leve estado de *shock*. Toda su vida y todos sus ingresos dependían de las comisiones que ganaban por vender a través de la red de distribuidores. Ahora, con el cambio de política de la empresa, los distribuidores podrían comprarle directamente a la empresa con los mismos precios o con las comisiones acreditadas que ellos ganaban. Por supuesto, los vendedores se vieron en aprietos, ya que les habían quitado el apoyo en el que confiaban.

En todo caso, la empresa me contrató y pagó mis honorarios para motivar a los vendedores a salir y trabajar más duro a pesar de que su principal fuente de ingresos había disminuido drásticamente. Todavía recuerdo que era evidente que los asistentes estaban atónitos y no podían creer lo que estaba sucediendo. Por consiguiente, me miraban como si yo fuera un enemigo contratado por la empresa para suavizar lo que esta acababa de hacer, perjudicando sus bolsillos. Como yo sabía todo esto, al menos estaba preparado para hablar eficazmente con una audiencia insensible y, en muchos casos, negativa. De modo que vale la pena tomarse el tiempo para averiguar qué está pasando en la empresa o grupo al cual uno va a dirigirse.

## Haz tu tarea: ve más allá de la demografía y las características

Cuando vas a hablar con personas pertenecientes a una industria , empresa, asociación u otra organización específica, debes informarte con anterioridad acerca de todo lo que puedas sobre ellas y así saber lo que está pasando a nivel profesional desde antes de comenzar la charla. ¿Es bueno o malo el mercado para lo que están vendiendo? ¿Están creciendo, se mantienen estables o están disminuyendo en el mercado actual? ¿Cuáles son los negocios y las tendencias en cuanto a las políticas empresariales o gubernamentales que les están afectando en el momento? Las siguientes son otras cosas importantes que verificar al planificar tu presentación.

### Identifica lo que está sucediendo en sus negocios

En cierta ocasión, fui contratado para hablar con un grupo grande de gerentes de una importante corporación multinacional. La empresa acababa de anunciar una serie de despidos de gerentes en todos los niveles y yo estaría hablando con los sobrevivientes de dichos despidos. Sin embargo, antes de llegar a dar mi charla sobre la productividad personal y la eficacia del liderazgo, la empresa anunció aún más despidos de directivos y comunicó que muchas de las personas que estaban en la audiencia serían desvinculadas en los siguientes treinta días. Como resultado, la audiencia no fue tan receptiva ni entusiasta durante mi presentación. Lo único que los oyentes pensaban mientras yo hablaba era que algunos de ellos serían los siguientes en quedarse sin empleo. Aquella no era una buena situación. Por eso, es fundamental que investigues. Tómate el tiempo necesario para descubrir a qué estarás enfrentándote.

### Descubre cómo es el entorno local

Es crucial saber lo que está pasando en cada ciudad a la que vas a ir a dar tu charla. Ha habido varias ocasiones en las que he llegado a ciudades en las cuales el equipo local ha ganado o perdido un campeonato deportivo en los últimos días. Es importante que tengas conocimiento de ese tipo de cosas y que las menciones en tus comentarios introductorios. De lo contrario, si los presentes llegan a estar afectados, por ejemplo, por el resultado obtenido por su equipo, y tú no dices nada al respecto, ellos sentirán que eres un extraño que no los conoce ni los comprende.

### Ten en cuenta a quién más ha escuchado tu audiencia últimamente

Otro aspecto que forma parte de tu preparación es saber cómo han sido las experiencias de tu audiencia con otros ponentes. ¿Quién más ha hablado con esta audiencia? ¿Sobre qué temas? ¿Cómo reaccionaron los oyentes ante esos otros oradores y temas? ¿Les gustó lo que escucharon? ¿Se sintieron decepcionados con algún orador anterior? Si es así, ¿por qué? Si les gustó el orador anterior, ¿cuál fue el motivo? ¿Qué hizo o dijo él o ella?

En una reunión más larga, es importante saber quién hablará antes que tú. ¿Sobre qué tema expondrá? Es crucial saber quién habló ante la audiencia en la última reunión y cómo esta reaccionó a ese discurso.

### Adapta tu charla a las preocupaciones específicas de la audiencia

Hace poco, estaba hablando ante un grupo de 4.000 personas. Dediqué una cantidad considerable de tiempo a preparar mis comentarios, basándome en las conversaciones detalladas que sostuve con los principales organizadores de la reunión. Como resultado, durante los noventa minutos de mi presentación entretejí todos los temas primordiales de la empresa, sus preocupaciones, su competitividad, sus desafíos y sus metas futuras.

Después de la presentación, el presidente de la empresa me llevó aparte y me dijo que aquella era sin lugar a duda una de las mejores exposiciones que él había escuchado hasta ese momento. La empresa ya había contratado a precios elevados a otros oradores que prometieron personalizar y adaptar su tema a la audiencia, pero no hicieron ningún esfuerzo por cumplir con dicho compromiso. También dijo que, tan pronto ellos empezaron a hablar, fue evidente que le habían dedicado muy poco tiempo a incorporar en sus discursos las preocupaciones de la empresa. Como resultado, nunca los volvieron a invitar.

## Comienza pensando en el final

Recuerda la «pregunta objetivo». Si pudieras entrevistar a los participantes de la audiencia y preguntarles después de tu charla: «¿Qué aprendiste de mi exposición y qué vas a hacer diferente como resultado de lo aprendido?», ¿qué te gustaría que ellos dijeran? Cuanto más específico seas con respecto a tu respuesta a esta pregunta, más fácil te resultará diseñar y estructurar tanto el tema a tratar como tus comentarios, de tal modo que logres este objetivo en el tiempo asignado.

## Mira el reloj

Además, debes tener absolutamente clara la cantidad de tiempo que tienes y la estructura esperada de la charla. A veces, el público espera que hables durante el 75 % del tiempo y luego hagas una sesión de preguntas y respuestas. En otros casos, el organizador de la reunión querrá que hables todo el tiempo. Lo importante es que termines exactamente cuando te indiquen que debes hacerlo.

Muchas charlas, conferencias y reuniones son cuidadosamente organizadas con respecto al tiempo. Por ejemplo, una vez me invitaron a hacer una presentación frente a 5.000 personas. Los planificadores de la reunión fueron tan exigentes que me pidieron que la escribiera con lujo de detalles y luego me pagaron para exponerla frente a un pequeño grupo de ejecutivos que me asesorarían y comentarían mi intervención. Su principal preocupación era la cantidad exacta de minutos que yo usaría al hacer la presentación completa.

Cuando fui a hacer la presentación, el orador que me precedía —a quien le habían asignado veintidós minutos— se extendió a veintiocho. Mientras estaba detrás del escenario, esperando mi turno para continuar, noté que los planificadores de la reunión estaban sumidos en el estrés, la ansiedad y la ira que eso les produjo. Ni siquiera les importaba lo que estaba exponiendo el orador. Lo único que les interesaba era que él les estaba complicando su agenda al hablar más tiempo del que se había comprometido. Como resultado, nunca lo volvieron a invitar.

## MARGARITA

Tomar en cuenta esto que te explicó Brian marca la diferencia entre un novato y un profesional. Saber conectar con tu audiencia, entender sus dolores, sus metas, su demografía e incluso sus miedos hará que ellos piensen: *Me está hablando a mí.*

Ahora bien, quiero hablarte del mundo digital. Cuando quieres crear contenido en tus redes sociales o colaborar en las redes de otras personas, lo más importante es de igual manera la audiencia, o el avatar.

El avatar es un término moderno para tu cliente ideal. Si tienes un negocio, tus redes sociales no son para ti ni para tus amigos, son para atraer a tu avatar. Si deseas publicar qué desayunaste, la boda de un familiar, el cumpleaños de tu hijo, crea una cuenta privada solo para amigos. Tus cuentas públicas deben ser para atraer al cliente ideal de tu negocio.

Permíteme darte un ejemplo. Supón que soy veterinaria y quiero empezar a dar a conocer mi clínica a través de las redes sociales. En la mañana te muestro las marcas de alimentos para perritos que vendo, en la tarde te muestro los accesorios para gatos y los precios, y en la noche te cuento de los diferentes servicios que ofrezco. En otras palabras, cada vez que me veas en mis redes sentirás que me escuchas decir: «Cómprame, cómprame, cómprame». Lamentablemente, muchos cometen este error y olvidan que son redes SOCIALES, no redes de VENTAS. Ellas venden y mucho, pero a través de las comunidades y el contenido de valor.

Entonces, ¿qué hacer? Siguiendo con el mismo ejemplo, voy a dar contenido de valor para los dueños de mascotas (que son mi avatar), y también puedo mostrar imágenes lindas de, por ejemplo, los cachorros que acaban de nacer. Esto se llama EDUTRENIMIENTO. Tu avatar solo te escuchará si lo educas o lo entretienes. En la mañana podría hablar de tres cosas que puedes hacer para calmar a tu perrito cuando hay rayos y truenos(educación). En la tarde puedo mostrar un antes y después de un perrito rescatado (entretenimiento). Y en la tercera publicación del día podría hablar sobre las cinco mascotas ideales para niños con ansiedad (educación). Las personas que tienen animales, quieren tener animales o aman a los animales me empezarán a seguir y ayudarán a que el algoritmo empuje mi contenido y a que a lo mejor uno o varios de mis videos se vuelvan virales. ¿Y qué crees? El más conocido, le gana al mejor.

Conozco médicos y dentistas cosméticos con comunidades de millones de personas. ¿Son los mejores de su ciudad?  No lo sé, pero sí sé que son de los que más conectan con su avatar y por ende los que más venden.

Entonces, si tienes un negocio, ¿quién es tu avatar o cliente ideal? Descríbelo acá:

______________________________________________

______________________________________________

______________________________________________

¿Qué dolores o miedos tiene tu avatar que le puedas ayudar a resolver con contenido de valor? Escríbelos acá:

______________________________________________

______________________________________________

______________________________________________

¿Qué metas tiene tu avatar que le puedas ayudar a lograr con contenido de valor? Escríbelas acá:

______________________________________________

______________________________________________

______________________________________________

Ahora toma lo que escribiste y pídele a tu inteligencia artificial favorita (GPT, Claude, Grok, etc.) que te ayude a crear contenido de valor para tus redes sociales usando esta orden o *prompt*:

*Tengo un negocio de (describe tu negocio) y mi avatar ideal es (describe tu avatar), algunos de sus dolores comunes son (escribe los dolores de tu avatar) y algunas metas que le puedo ayudar a lograr son (escribe las metas de tu avatar). Necesito que actúes como un copywriter creativo y me hagas los scripts para quince videos de valor que no duren más de un minuto cada uno y que atraigan a este avatar. Posteriormente, dame también un script de un video de ocho minutos para YouTube que conecte con el mismo avatar. El gancho de apertura debe ser muy atractivo y cada video debe tener al final un llamado a la acción.*

Diviértete creando con la IA, ella no hará el 100 % de tu trabajo, pero te dará excelentes ideas para empezar.

El capital social es una de las monedas más importantes de hoy. Compara lo que pasa cuando Cristiano Ronaldo muestra un producto en sus redes con lo que sucede cuando lo muestra alguien desconocido. Ronaldo puede generar ventas de millones de dólares instantáneamente, mientras que la persona desconocida, aunque muestre el mismo producto, no logrará lo mismo. Por eso tener comunidades de personas que te conocen es un capital. Se le llama capital social porque se puede monetizar grandemente. Ahora bien, para generar capital social debes saber comunicar, ser auténtico y agregarle valor a tu avatar.

Una vez que hayas empezado a formar una comunidad, por supuesto que puedes ofrecer tus productos o servicios. La idea es que un 90 % o un 80 % de tus videos sean hechos con contenido de valor para tu cliente ideal, y que en el resto de tus videos los invites a convertirse en clientes.

Aquí te dejo las tres C para crecer en las redes sociales:

C= Que te **C**onozcan. No pueden contratarte o conectar contigo si no te conocen. Entre más valioso sea tu contenido, más probabilidades de éxito tendrás.

C= Que les **C**aigas bien. No te preocupes, nadie conecta con el 100 % de las personas, pero es importante que lo logres con la comunidad que buscas ayudar. Ser genuino, tener verdadero interés en ellos y llevar a cabo aperturas contundentes en tus videos elevará tus probabilidades de crecer en las redes. Evita empezar un video con frases como: «Hola, ¿cómo están?». ¡Nooooo! Si lo haces, ya perdiste a la persona, siguió deslizando y no te escuchó. Estás compitiendo con millones de creadores de contenido y tienes quizás un segundo para captar la atención de la gente, por eso debes iniciar con algo relevante para ellos. Por ejemplo: «¿Cansado de que tu perrito te dañe los muebles?». Si la persona tiene un cachorro, seguro se detendrá a ver el video. La inteligencia artificial te dará ganchos de apertura potentes que lograrán que tus clientes potenciales se detengan a ver tu contenido.

C= Que **C**onfíen en ti. Una vez que has entretenido o educado a tu comunidad, te ganarás su confianza y habrá un porcentaje de personas que procederán a querer contratar tus servicios o comprar tus productos. Las redes sociales les generan billones de dólares a los creadores, si no las usas para servir a tu avatar, te estarás quedando muy atrás de tus competidores.

Ahora, Brian te explicará la mejor manera de estructurar un discurso o charla.

## Una vez que hayas hecho tu tarea, prepárate

Tengo un poderoso método de preparación que he venido usando a lo largo de los años. Empiezo con una hoja de papel en blanco, en cuya parte superior escribo el título de mi presentación. Luego, redacto una descripción de una frase sobre cuál será el propósito de esta. ¿Cuál es el «trabajo» que tengo que hacer? Entonces, me disciplino para hacer una lluvia de ideas, conocimientos, frases, estadísticas, ejemplos e ilustraciones que podría utilizar en la charla. Es decir, escribo y escribo y escribo y escribo.

A veces, termino escribiendo dos y tres páginas de notas. De todas ellas, comienzo a seleccionar elementos particulares y los organizo en una secuencia lógica que le dé contenido a una presentación que fluya de principio a fin. Tú también puedes hacer lo mismo. Es asombroso. ¿Cuántas ideas se te ocurrirán cuando te enfoques en hacer este ejercicio? Escribe veinte, treinta o cincuenta puntos que consideres apropiados para tu charla.

Una vez que tengas todos estos puntos organizados, vuelve a repasarlos con un bolígrafo rojo y encierra en un círculo aquellos que creas que tendrían más impacto en tu exposición. Organiza estos puntos en secuencia y verás que tu charla empieza a tomar forma de una manera natural.

## La fórmula PREP

Una vez que hayas elegido tus puntos, podrás utilizar la que se conoce como la fórmula «PREP» para desarrollar cada punto que quieras destacar en tu exposición.

*P: Punto de vista*

Expresa tu pensamiento, idea o hecho al principio. Por ejemplo, di algo como: «Más personas van a ganar más dinero en los próximos diez años que el que obtuvieron en los últimos cien».

*R: Razones*

Expresa tus razones para sostener este punto de vista. Por ejemplo, podrías decir: «El número de millonarios y multimillonarios —fortuna que la mayoría de ellos ha hecho en una generación— ha aumentado en un 60 % en los últimos cinco años, promedio que se está incrementando».

*E: Ejemplo*

Ilustra, refuerza o prueba tu punto de vista. Por ejemplo, explica: «En 1900, había 5.000 millonarios en Estados Unidos y ni un solo multimillonario. En el año 2000, había 5 millones de millonarios y más de 500 multimillonarios. Para 2007, según la revista Business Week, había 8.900.000 millonarios en Estados Unidos y más de 700 multimillonarios en todo el mundo, la mayoría de ellos de primera generación».

*P: Punto de vista*

Vuelve a expresar la primera P para enfatizar tu idea. Por ejemplo, comenta: «Nunca como hoy ha habido más oportunidades para ti, que formas parte de la minoría creativa, para lograr el éxito financiero, excepto las que se te presenten mañana y en los años venideros».

## La fórmula PREP en acción

Te daré un ejemplo de cómo se combina la fórmula PREP:

> Este es el mejor momento en la historia de la humanidad para estar vivo *(punto de vista).* Tenemos la tasa más alta de propiedad de vivienda, el nivel más bajo de desempleo y la economía de más rápido crecimiento en los países industrializados alrededor del mundo *(razones).* Solo el año pasado, más de 1.000.000 de estadounidenses iniciaron sus propios negocios y se lanzaron al campo del emprendimiento con el fin de aprovechar la economía actual *(ejemplo).* Debido a que este es un gran momento, más personas van a ganar más dinero en los próximos años que en los últimos cien *(replantear el punto de vista).*

Puedes organizar cada punto clave de tu charla usando esta sencilla fórmula. Es increíblemente poderosa y válida para persuadir a tu audiencia de que reciba y acepte tu mensaje.

## El método del limpiaparabrisas

Al diseñar tu charla, también te recomiendo utilizar el «método del limpiaparabrisas». Como sabes, el lado izquierdo del cerebro humano se activa con hechos e información. El lado derecho lo hace mediante sentimientos, historias, citas y ejemplos.

La forma de utilizar este método es sencilla: enuncias un hecho y prosigues con una historia. Enuncias otro hecho y prosigues con una referencia. Enuncias otro hecho y prosigues con un ejemplo. Luego, otro hecho y prosigues con una ilustración numérica. De ese modo, estimulas uno y otro lado del cerebro, de derecha a izquierda y viceversa, con el mismo movimiento del limpiaparabrisas.

Para utilizar este método de preparación, toma una hoja de papel y dibuja una línea en el centro. En el lado izquierdo de la línea, escribe el hecho o punto que deseas resaltar. En el lado derecho, escribe el ejemplo, la historia o la ilustración que prueba o demuestra ese hecho. Para cada elemento de la columna de la izquierda, utilizas una de las historias o los ejemplos que anotaste en la columna de la derecha.

Cuando haces una presentación usando este método, activas ambos lados del cerebro de quienes forman parte de tu audiencia. Ellos se inclinarán enfocándose en señal de atención, pues estarán a la espera de todas y cada una de tus palabras. Todo el tiempo los mantendrás totalmente enfocados.

**MARGARITA**

Es muy importante que tengas en cuenta la fórmula PREP o el método del limpiaparabrisas a la hora de comunicar. ¿Alguna vez has escuchado a alguien que cuenta su historia y al principio quizás impacta a la audiencia, pero luego se queda patinando en el yo-yo? «Yo hice esto, yo logré esto, yo pasé por esto». Después de un rato, empieza a aburrir, pues no hay una enseñanza o mensaje claro. Esta persona se quedó en el lado derecho del limpiaparabrisas o solamente usó el punto tres de la fórmula PREP.

Por el contrario, muchos hemos ido a escuchar a un científico o a alguien muy conocedor de un tema y no hemos conectado con su mensaje, pues la persona se queda dando un largo discurso, explicando datos, cuestiones lógicas y estadísticas, sin jamás contar una historia o dar un ejemplo de cómo aplicar sus enseñanzas. En otras palabras, se quedó en el lado izquierdo del limpiaparabrisas, o en los primeros dos puntos de la fórmula

PREP. Al escucharlo te aburres, no conectas o sientes el discurso muy pesado y difícil de digerir.

Por lo tanto, recuerda esta regla:

*Nunca cuentes una historia que no tenga un punto de acción o enseñanza y nunca enseñes un punto que no contenga un ejemplo o una historia.*

Esto mantendrá a tu audiencia interesada y lograrás que entiendan claramente tu mensaje.

### El método de los círculos

Para planificar tu presentación por escrito, utiliza una imagen o una ilustración visual. Lo que yo hago es dibujar una serie de cinco círculos grandes en el centro de una hoja. Cada círculo representa un aspecto de mi presentación. El primer círculo será la introducción y los comentarios que voy a utilizar para llamar la atención de los presentes. El segundo, tercero y el cuarto serán los puntos clave que pretendo abordar. El quinto círculo será lo que diré en el momento de hacer el resumen y el cierre.

Si voy a dar una charla más larga, hay veces que tengo siete círculos en la hoja de planeación e incluso uso otra hoja cuando veo que es necesario. En este caso, el primero y el último círculos son la apertura y el cierre. Los círculos del medio son los puntos clave que planeo exponer a lo largo de una secuencia ordenada.

### Planifica con cuidado la apertura y el cierre

Planificar la apertura de tu discurso es importante. Planifícala palabra por palabra y ensáyala una y otra vez en tu mente, en voz alta y frente a un espejo. Tus comentarios iniciales son los que preparan el escenario para lo que vas a decir, generan expectativas y le comunican un mensaje claro a tu audiencia. Es por esto que no debes dejar la apertura al azar.

También debes planificar tus comentarios finales, palabra por palabra. Piensa exactamente en lo que vas a decir para concluir tu intervención. Si por alguna razón la duración de tu discurso se reduce debido a cambios en el horario, al menos ya sabes cómo terminarlo de manera efectiva.

## Planifica la parte visual de tu presentación

Es crucial que pienses en el aspecto visual de tu presentación. Elige cuáles serán esos elementos que utilizarás para ilustrar tus puntos y hacer que estos cobren vida y tengan el mayor sentido posible para el público.

**MARGARITA**

### Evita el «karaoke»

El contenido de apoyo es muy personal. Algunas personas prefieren auxiliarse con notas, lo cual te puede ayudar, pero debes tener cuidado de no hacer que tu público sienta que estás leyendo. Las notas solo deben llevar los puntos principales de la fórmula PREP.

Por ejemplo, si voy a dar una conferencia sobre cómo adaptarse al cambio, mis notas para cada punto que voy a enseñar pueden seguir la fórmula PREP así:

**Punto uno:** Tres pasos para hacer el cambio positivo. (1) Abrazarlo. (2) Cambiar mi estilo explicativo. (3) Escribir los beneficios que trae el cambio.

**Punto dos:** Explicar el estudio de Harvard sobre la resistencia al cambio.

**Punto tres:** Contar la historia de mi hermana y cómo manejó el cambio usando la fórmula de tres pasos que enseñé.

**Punto cuatro:** Resumen de las tres claves que enseñé.

Como ves, hay muy poco texto, pues se trata solamente de una guía. Si lo escribo todo en mis notas, puedo sentirme inclinada a empezar a leerlo, y eso obviamente va a hacerme perder la conexión con la audiencia.

En mi caso personal, prefiero usar para guiarme presentaciones audiovisuales más que notas escritas, pues las imágenes y los videos pueden hacer más dinámica tu presentación. Puedes usar Keynote, PowerPoint, presentaciones de Google y otras por el estilo. No importa cuál elijas, lo importante es entender que estas diapositivas son solo una guía, tampoco son para leerlas ni hacer algo estilo karaoke.

Permíteme ilustrarte cómo uso las imágenes. Hay una historia que cuento en algunas presentaciones sobre el tigre y el burro. En ella el tigre y el burro están discutiendo porque el burro le dice al tigre que la grama es azul y el tigre furioso le contesta que no, que la grama es verde. Entonces el burro se burla del tigre. El tigre se enoja mucho y le dice: «Vamos a ver al león. Si el león dice que la grama es verde, me das la razón». Y el burro le contesta: «De acuerdo. Si el león dice que la grama es verde, te daré la razón, pero yo estoy seguro de que la grama es azul». Finalmente, ambos llegan donde el león y el tigre le dice: «León, ¿nos regalas por favor una audiencia?». «Sí, claro, ¿qué pasa?», responde el león. «Bueno, es que el burro es un bruto, una bestia, es el más tonto de toda la selva, porque asegura que la grama es azul. Por favor, dile que la grama es verde». Entonces el león se queda en silencio y dice: «La grama es azul y a ti tigre te voy a castigar por cuatro semanas sin salir a cazar ni a divertirte por haber engañado al burro». Pues bien, el burro se va feliz, les cuenta a todos, toda la selva se empieza a burlar del tigre y el tigre ofendido le reclama al león. «¿Cómo es posible? ¿Cómo me puedes traicionar así? Si tú sabes muy bien que la grama es verde, ¿por qué me haces esto?». Y el león le contesta: «No te castigué porque la grama sea verde o azul. Tú y yo sabemos muy bien que la grama es verde. Te castigué por perder el tiempo discutiendo y viniendo hasta aquí con alguien que tú bien sabes que no puede entender».

El punto de la historia es que no debemos perder tiempo tratando de controlar a otros y solo cambiarnos a nosotros mismos, que es lo único que está en nuestro poder. Entonces, yo no escribo en mi presentación nada de la historia que te conté. Solamente muestro una imagen de un burro, un tigre y un león, y cuando termino la historia, presento la siguiente frase: *Sabiduría es saber lo que debemos ignorar*. La diapositiva es solamente un apoyo, pero nunca debe contar la historia o dar el contenido por ti.

Así que menos del 30 % de tus diapositivas deben ser de texto. Lo ideal es que contengan imágenes que inviten a la reflexión o que lleven a la audiencia a entender mejor tu historia, mientras a la vez te van guiando por los puntos principales de tu discurso.

Hay quienes ponen todo o casi todo su texto en sus diapositivas y las leen. Si eso es lo que el orador va a hacer, ¿para qué lo necesitan, si la audiencia sabe leer? Para eso uno podría solamente poner las diapositivas y dejar que el público las lea. De modo que asegúrate de que las diapositivas tengan imágenes, muestren un video, enriquezcan mucho tu historia y contengan poco texto, como una frase, un número o una pregunta. Nunca incluyas el texto completo de un punto, por ejemplo, toda la fórmula PREP, porque entonces se vuelve como un karaoke.

Recuerda, tú sabes bien de lo que estás hablando y tu discurso no tiene que ser expresado de memoria, no tiene que salirte exacto. Lo importante es que transmitas la información que es necesaria para el público que te está escuchando.

Cuando estás hablando en vivo por una red social es un poco más fácil, porque bajo el teléfono o el computador puedes tener tus notas y mantenerte mirando a la cámara y hacia abajo sin que se vean las notas o el recurso tecnológico donde tienes tus escritos.

Ahora bien, ningún material auxiliar es absolutamente necesario. Muchos de los grandes oradores de la historia han dado discursos magistrales sin ningún tipo de notas o diapositivas. Todo depende del gusto personal y de cómo te sientas más cómodo. Usa aquello que se acople más a tu estilo. A mí, por ejemplo, me gusta mucho lo visual. Soy una persona muy visual, así que me encanta poner fotografías, canciones y frases en las diapositivas, las cuales además me ayudan a mantener el orden, llevar un ritmo y recordar qué sigue después. Ahora Brian te hablará de otras técnicas y te dará otros consejos para el uso apropiado de las presentaciones audiovisuales.

## La técnica de la «varita mágica»

Uno de estos elementos es el que yo llamo la técnica de la «varita mágica». Mientras hablo, sacaré un bolígrafo de oro de mi bolsillo y diré algo que incorpore al bolígrafo a la exposición que estoy haciendo, por ejemplo: «Imagínense qué ocurriría si ustedes tuvieran el poder de agitar una varita mágica ante esa circunstancia que están enfrentado y hacerla perfecta en todos los sentidos. ¿Cómo sería esa circunstancia ideal?».

Luego, agito la «varita mágica» y hago una pausa para permitir que cada persona imagine cómo sería esta situación si fuera perfecta. Acto seguido, analizo una serie de estrategias y técnicas que los oyentes puedan utilizar para mejorar su situación actual.

## El uso de PowerPoint durante un discurso

El uso de PowerPoint depende de muchos factores. En la industria de los oradores profesionales existe una expresión: «Muerte por

PowerPoint». Muchos oradores han comenzado a confiar tan intensamente en las presentaciones con PowerPoint que su personalidad y la esencia de sus presentaciones se pierden a medida que ellos pasan de un punto a otro en la pantalla.

Si vas a utilizar PowerPoint, que suele ser ideal en ciertas situaciones, es mejor seguir algunas reglas.

*La regla del 5 x 5*

En primer lugar, nunca debes tener más de cinco líneas en una diapositiva y cada línea no debe tener más de cinco palabras. Usar más que esto tiende a distraer e incluso confundir a la audiencia. Ahora, si se trata de un salón o de un grupo pequeño, sí puedes usar más líneas o palabras de las que permite esta regla.

Además, independientemente de cuántos puntos vayas a desarrollar, ilustra uno a la vez, a medida que lo estés comentando. No cometas el error de mostrar toda la diapositiva llena de información para que la audiencia se enfoque en leerla y deje de prestarte atención.

Hace poco, fui invitado a hablar frente al personal de una empresa multinacional. Al comenzar la reunión, el presidente de la compañía decidió dirigirse a la audiencia y lo hizo durante una hora, justo antes de que fuera mi turno de participar en el evento. Su presentación en PowerPoint constaba de una sola diapositiva que contenía cientos de números en filas y columnas, ninguno de los cuales eran claros siquiera para alguno de los presentes. Además, le habló todo el tiempo a la pantalla, comentando aquellos números durante una hora completa. Dado que era el presidente, todos en la audiencia se sentaron cortésmente a escucharlo, pero su exposición fue insoportable para la audiencia. No dejes que esto te pase también a ti.

*Habla mirando a la audiencia*

En segundo lugar, mira hacia la audiencia cuando utilices PowerPoint. Es esencial que tengas tu computadora portátil frente a ti, ilustrándote lo que sea que aparezca en la pantalla que está ubicada detrás de ti y de frente al público. Al hacer clic en tu presentación de PowerPoint, mantén tu mirada en conexión con los miembros de la audiencia y habla con ellos todo el tiempo.

Cuando no estés refiriéndote a un punto en la pantalla, presiona la tecla «B» —que está en tu computadora portátil— para así borrar lo que aparezca en la pantalla. Recuerda, tu cara es el elemento más importante en cualquier presentación, pero mientras haya texto en la pantalla, los ojos de la gente se moverán constantemente de tu cara a la pantalla y viceversa, como lo hacen los espectadores durante un partido de tenis.

*Luces, por favor*

Cuando uses PowerPoint, es fundamental que tu rostro esté bien iluminado durante toda la presentación. Vivo consternado al ver la cantidad de veces que los altos ejecutivos dejan que los pongan en medio de la oscuridad a fin de garantizar la máxima claridad para el proyector y la pantalla. En otras palabras, el alto ejecutivo que ha recorrido una gran distancia y ha invertido una buena cantidad de tiempo en preparar su presentación termina parado en medio de la oscuridad y siendo difícil de ver e identificar por parte del público.

*El PowerPoint es solo un accesorio*

Utiliza PowerPoint únicamente como accesorio o como soporte. Este no debe ser el foco principal de la charla. Tú eres el foco principal y PowerPoint está ahí solo para ayudarte e ilustrar tus puntos frente a tu audiencia con más claridad.

Cuando uses PowerPoint, practica y ensaya tu presentación de tres a cinco veces antes de estar frente al público. Haz un ensayo general completo con el fin de asegurarte de que tanto el PowerPoint como el proyector estén correctamente conectados y funcionando.

*Espera lo inesperado*

Es probable que hayas visto situaciones en las que todo el discurso fue construido en base a las diapositivas del PowerPoint y por alguna razón estas terminaron no funcionando. Entonces, el conferencista de turno se levanta, comienza a hacer clic una y otra vez sobre ellas y no pasa nada. De inmediato, algunos colaboradores del expositor suben corriendo al escenario para intentar arreglar la computadora y normalizar la situación. En ocasiones, hasta llaman al técnico del hotel o del lugar donde sea el evento. En pocas palabras, hay ocasiones en que el seminario o la presentación quedan reducidos a tener que detenerse mientras los organizadores permanecen alrededor del escenario, sintiéndose ridículos y avergonzados. Para evitar esto, te recomiendo que hagas un repaso completo antes de tu presentación, pues esta práctica te garantizará tener todo fresco en tu mente y hacer tu exposición sin dificultad alguna.

*Mantén la atención en ti y en tu mensaje*

En cualquier caso, cuando utilices PowerPoint, comienza con una explicación fuerte y clara que prepare el escenario para tu presentación. Luego, usa el PowerPoint para ilustrar los puntos que quieras resaltar y, cuando ya hayas terminado de usarlo, apaga la pantalla y asegúrate de que la gente se enfoque en ti y en tu mensaje.

## Planea una exposición eficaz

Todo orador tiene tres versiones de una misma presentación. La primera corresponde a la que el expositor planea hacer. La segunda es la que el orador realmente comparte cuando ya está frente al público. La tercera es la que el orador desearía haber compartido cuando piensa en lo que dijo, pero ya va de regreso a casa.

La mejor presentación de todas es cuando la que planeaste, la que hiciste y la que desearías haber expuesto resultan siendo la misma, pues el hecho de lograrlo te brinda una profunda sensación de satisfacción profesional y personal.

### Pasa sin problema de un punto a otro

Al planificar y preparar tu presentación, diseña tus transiciones de un punto al otro de tal modo que le quede claro a la audiencia que ya terminaste un punto y vas a pasar al siguiente.

Revisa varias veces tu material y busca más y más formas de mejorar tanto la calidad como la manera de presentar tu mensaje fluidamente.

### Practica, vale la pena

Hace algunos años, me encargaron hacer una presentación importante frente a una audiencia a la que asistirían personas que podrían contratarme como orador si quedaban suficientemente impresionadas con mi mensaje y mis habilidades en el arte de la oratoria. Por lo tanto, invertí una inmensa cantidad de tiempo practicando, preparando y ensayando mi discurso. Creo haberlo revisado y ensayado unas cincuenta veces antes de presentarlo frente a la gran audiencia en aquel centro de convenciones.

La práctica dio sus frutos. El discurso fue grabado tanto en video como en audio. Fue distribuido por todo el mundo y finalmente visto por decenas de miles de personas en varios idiomas. Algunos años más tarde, este discurso fue calificado como uno de los doce mejores pronunciados entre más de 1.000 exposiciones ante esta organización en particular a lo largo de treinta y siete años. Sin lugar a duda, una magnífica preparación suele dar sus frutos.

### Utiliza técnicas para la memoria

Otra forma en la que puedes prepararte para dar un gran discurso es utilizar la mnemotecnia. Mediante esta técnica, diseñas tu charla en tu mente en torno a una frase en particular o a una serie de letras o números.

Es probable que hayas oído hablar del recurso mnemotécnico utilizado por muchos entrenadores de la memoria. Consiste en usar palabras que rimen entre sí para ejercitar la memoria e interconectar los puntos esenciales de una presentación. Por ejemplo, *inteligente* con *elocuente*. De ese modo, cuando piensan en su primer punto, recuerdan que su afirmación de apertura está relacionada con el hecho de ser *inteligente*.

Luego, usarán la segunda palabra, que tiene que ver con el hecho de ser *elocuente*. De manera similar, buscarán palabras que rimen entre sí y que les recuerden la esencia de su tercer y cuarto puntos o de todos los que queden por desarrollar.

En cada caso, al recordar las palabras que riman, puedes conectarte con cada parte de tu charla y recordar *todos* los puntos que sean necesarios sin perder el ritmo de tu exposición. Este es un truco común utilizado por oradores que quieren hacer su presentación frente a la audiencia y hablar sin tener que usar notas.

## Diseña tu presentación con una palabra

Mi forma favorita de organizar una exposición es construirla en torno a una palabra que sea relevante para el tema que voy a desarrollar e importante para la audiencia. Por ejemplo, *éxito* (en inglés *success*, que explicaré en forma de acrónimo). Puedes hacer esto con casi cualquier palabra y en cualquier idioma. Te daré un ejemplo de este método de organización.

> Para efectos de mi presentación, la primera letra de *success*, *(s)*, significará «*sentido de propósito*». Entonces, explico la importancia de tener objetivos claros y específicos antes de comenzar a ir en busca del éxito.
>
> La segunda letra, *(u)*, significa que «*uno es responsable*». Es decir, cada persona debe hacerse cargo de su vida y su carrera, y debe negarse a buscar excusas.

La tercera letra, *(c)*, significa «*cliente satisfecho*». Es crucial que identifiques con total claridad a tu cliente ideal y decidas qué podrías hacer para conquistarlo y llenar sus expectativas mejor que tus competidores.

La cuarta letra, *(c)*, significa «*creatividad*». Entonces, explico la importancia de encontrar formas mejores, más rápidas y más económicas de promocionar y vender tu producto en el mercado actual.

La quinta letra, *(e)*, significa «*excelencia*». Debes volverte totalmente excelente en lo que haces y esforzarte por ser cada vez mejor en ello.

La sexta letra, *(s)*, significa «*sensibilidad hacia los demás*». Piensa en otras personas y en cómo lo que haces y dices puede tener un efecto determinado sobre ellas.

Por último, la otra letra «*s*» significa «*soluciones*». Debes decidir de antemano que nunca te rendirás y que persistirás ante toda adversidad y dificultad que se te presente camino a alcanzar el éxito que deseas obtener.

Usando palabras como esta *(success)* y dándole un significado específico a cada una de sus letras he podido hablar sin notas durante sesenta y noventa minutos, sin nunca perder el hilo de mis exposiciones. Al público le encanta esta técnica y espera con ansiedad saber cuál es el significado que le daré a cada letra de la palabra elegida a medida que hago mi presentación.

Tú puedes utilizar este método bien sea con una palabra de tres letras o con una de diez. Esta es una forma efectiva de organizar tus pensamientos e impresionar a tu audiencia hablando con fluidez y sin notas de referencia.

## Escribe tus puntos en fichas

Si estás utilizando un podio, una de las mejores técnicas de preparación es escribir tus puntos clave en fichas de tres por cinco pulgadas (siete centímetros y medio por doce y medio) o de cinco por ocho (doce y medio por veinte centímetros). Escribe en letras grandes. En lugar de escribir todo tu discurso palabra por palabra, redacta oraciones, ideas y frases clave; luego, ve pasando de una ficha a otra, a medida que hablas.

He visto oradores bastante competentes y muy respetados pararse frente a una gran audiencia con varias fichas en sus manos, usándolas como accesorios a lo largo de su presentación. El público rara vez se opone a este método. Todos saben que esa es una manera eficaz de mantener organizados, uno a uno, sus pensamientos. También reconocen que el orador ha realizado una preparación suficiente para llegar a este punto.

### Primero, haz tu presentación frente a grupos pequeños

Una buena manera de prepararte es haciendo tu presentación frente a grupos más pequeños y más amigables. Hazlo tantas veces como sea posible antes de estar frente a una audiencia más amplia y menos personal. No hace mucho, asistí a una reunión de una junta directiva. Luego, seguiría una gran cena. Entonces, durante la junta, uno de los miembros comenzó a hablar extemporáneamente sobre un tema en particular y, debido a que él estaba muy bien organizado, la junta entera lo escuchó mientras hablaba y desarrollaba su tema, punto por punto, durante veinte minutos. Al final, todos quedaron impresionados con sus pensamientos e ideas.

Más tarde, esa misma noche, él se puso de pie frente a las 500 personas que asistieron a la cena y pronunció el mismo discurso que había expuesto en la sala de juntas. Solo en retrospectiva, me di cuenta de que la reunión de la junta directiva había sido su último ensayo de lo que resultó ser un evento muy importante y una presentación elocuente frente a un gran grupo de personas importantes para la empresa.

## Camina y habla a la vez

Una forma en que muchas personas se preparan para un discurso es salir a caminar y dar la charla sobre la marcha. Mientras caminan, usan sus manos y sus rostros, y desarrollan su presentación. Además, usan algún ejercicio mnemotécnico que les ayude a recordar cada punto que van a exponer sin tener que usar notas. Algunos oradores hasta usan distintos tonos de voz cuando se refieren a puntos cruciales, pretendiendo que en verdad le están hablando en voz alta a su audiencia. Caminar mientras hablas es una de las formas más efectivas de prepararte para un discurso en público.

## Busca la información que necesitas en Google

Cuando hables frente a un grupo industrial específico, es importante que como mínimo luzcas bien informado, si no un experto en ese campo. Lo lograrás utilizando Google para encontrar toda la información disponible sobre esa industria. También puedes ingresar a Hoovers.com y buscar estadísticas y tendencias de la industria en cuestión. Allí, encontrarás información acerca de quiénes son los principales actores que se destacan en ese campo de acción y cuáles son los principales eventos que tienen lugar en dicho grupo industrial.

Cuando incluyes esta «información privilegiada» en tu exposición frente a cada grupo específico, luces como un experto, como alguien que en realidad conoce la industria y parece formar parte de una de las empresas en este campo. La gente se siente muy entusiasmada cada vez que escucha a un orador que habla con mucha propiedad sobre lo que ellos hacen para ganarse la vida y acerca de los desafíos que enfrentan en el mercado actual.

## Investiga a las personas clave

Una de las mejores formas de preparación también consiste en conocer a las personas clave de la organización que te ha pedido que impartas tu conferencia. Busca sus biografías en internet. Si una persona clave trabaja para una corporación, su biografía suele estar en el sitio web de la empresa. A veces, funciona solicitarles información general a los organizadores de la reunión acerca de esas personas clave que estarán presentes.

Cuando hablo ante un grupo, me propongo aprenderme los nombres y antecedentes de las personas clave. Luego, menciono sus nombres en mi charla a medida que avanzo. Diré algo como: «Probablemente, habrán escuchado a Ralph Wilson decir esto muchas veces: 'Tenemos que persistir ante toda adversidad'. Ese es el tipo de valores que él tiene y esa es la razón del éxito de esta organización».

Puedo decir con confianza que nunca me han contradicho con respecto a estas referencias que hago sobre la gente clave de la empresa en la que me encuentre en el momento. Cuando pones palabras, pensamientos e ideas positivas en la boca de las personas clave de tu audiencia, ellas siempre se sentirán halagadas y, como resultado, quedarás como todo un héroe.

## Resumen

Con frecuencia, la gente me pregunta cuál es el secreto para hablar en público de forma eficaz. Siempre contesto que todo comienza con la preparación. El 90 % de tu éxito como orador estará determinado por qué tan bien y cuán minuciosamente te prepares. A los pocos minutos de abrir la boca, el público sabrá qué tan bien te has preparado y te calificará de acuerdo a ello. Tu trabajo es prepararte y hacerlo hasta que luzcas como una autoridad desde el primer momento en que empieces a hablar.

La mejor noticia es que, cuanto más planifiques y te prepares, más confianza tendrás al empezar a hablar. Cuando hayas practicado tu intervención una y otra vez, sentirás una enorme sensación de autoconfianza y calma desde el primer momento en que estés frente a tu audiencia.

## MARGARITA

Quiero ayudarte a empezar tu primer discurso. Empecemos con un tema que dominas para que te sea más natural y cómodo transmitirlo.

Este modelo que te ofrezco aquí te ayudará a escribir cualquier discurso. Es una guía como un acordeón que puedes usar en un discurso corto, con tres puntos principales por ejemplo, o en uno más largo de hasta doce puntos. Lo único que debes hacer es aumentar el número de puntos clave y luego pasar cada uno de ellos por la fórmula PREP.

**NOMBRE DE LA CHARLA:** ______________________________

**APERTURA:**

______________________________________________________

______________________________________________________

______________________________________________________

**Punto clave #1, fórmula PREP**

(P): Punto de vista

______________________________________________________

______________________________________________________

______________________________________________________

(R): Razones que apoyan tu punto de vista (estadísticas, estudios, etc.)

______________________________________________________

______________________________________________________

______________________________________________________

(E): Ejemplo que apoya tu punto de vista

______________________________________

______________________________________

______________________________________

(P): Punto de vista reforzado (resumen o conclusión del punto de vista)

______________________________________

______________________________________

______________________________________

**Punto clave #2, fórmula PREP**

(P): Punto de vista

______________________________________

______________________________________

______________________________________

(R): Razones que apoyan tu punto de vista (estadísticas, estudios, etc.)

______________________________________

______________________________________

______________________________________

(E): Ejemplo que apoya tu punto de vista

______________________________________

______________________________________

______________________________________

(P): Punto de vista reforzado (resumen o conclusión del punto de vista)

______________________________________

______________________________________

______________________________________

**Punto clave #3, fórmula PREP**

(P): Punto de vista

___

___

___

(R): Razones que apoyan tu punto de vista (estadísticas, estudios, etc.)

___

___

___

(E): Ejemplo que apoya tu punto de vista

___

___

___

(P): Punto de vista reforzado (resumen o conclusión del punto de vista)

___

___

___

**RESUMEN**: Enumera los tres puntos que acabas de enseñar con un breve resumen.

**CIERRE**:

___

___

___

CAPÍTULO 3

# Autoconfianza y dominio mental. Elimina el miedo a hablar en público

*Piensa positiva y magistralmente, ten confianza y fe. Te garantizo que te sentirás más seguro en la vida, más dinámico, más experto y capaz de alcanzar muchos logros.*

—EDDIE RICKENBACKER

¿Sabías que según varios estudios y encuestas muchos adultos sitúan el miedo a hablar en público por encima del miedo a la muerte? La buena noticia es que el pánico escénico y la ansiedad previos a una charla son normales y naturales. De hecho, muchos oradores o artistas que están en lo más alto de su carrera siguen sintiendo mariposas antes de su presentación. Nuestro objetivo es ayudarte a aceptar ese sentimiento porque eso significa que te importa, y en segundo lugar, vamos a mostrarte cómo transformar la ansiedad o el miedo en una anticipación emocionante que puedas utilizar para alimentar tu entusiasmo como orador.

Antes de pasar a enseñarte técnicas para desarrollar una mayor confianza en ti y lograr el dominio mental, hablemos de por qué en primer lugar los oradores suelen sentir miedo y ansiedad a la hora de subir al escenario.

El miedo más común es el miedo al fracaso: ¿qué pasa si haces un «mal» trabajo o no ofreces una presentación impecable? ¿Y si te olvidas de algo o te confundes con tus palabras? Cada vez que te paras delante de un público te preocupa lo desconocido, te preguntas cómo reaccionará o qué pasará si te hacen una pregunta inesperada y no sabes cómo responder. Bueno, eres humano, no eres perfecto y cometerás errores. Sin embargo, cuando te das permiso para ser quien eres, desbloqueas tu potencial como orador. Tu público no necesita que seas perfecto, quiere que seas auténtico y alguien con quien puedan conectarse. Ser auténtico de verdad significa permitirte aceptar lo que te hace ser tú, esas peculiaridades y encanto que solo tú tienes. Tu voz, experiencia y perspectiva únicas.

El rechazo social es un miedo muy fuerte y se alimenta de nuestra necesidad humana de sentirnos aceptados por los demás. Cada vez que un orador se presenta delante de un público se siente vulnerable porque se arriesga a ser juzgado o rechazado por otros. Lo bueno es que puedes superar estos miedos. En el capítulo anterior hablábamos de conocer a tu audiencia y diseñar tu charla para que aporte un valor específico a tu público concreto, de ese modo sabrás de antemano que apreciarán tu mensaje. En segundo lugar, tienes que creer que tu público no está deseando que fracases, sino que triunfes. Quieren que hagas un buen trabajo y les entusiasma que aportes valor. Piensa en ellos como si fueran tus amigos y decide que les caes bien y que ellos te agradan también.

En este capítulo aprenderás varias técnicas como la visualización, la atención plena y diferentes formas de respirar que te ayudarán a calmar el cuerpo para que puedas presentarte con confianza y gracia, y exploraremos métodos prácticos para transformar el miedo, aumentar la confianza en ti y lograr el dominio mental.

**—CHRISTINA**

Cada vez que hables en público, tu objetivo debe ser mostrarte firme, confiado, positivo, sereno y sentirte maravillosamente con respecto a ti mismo. Lo ideal es que estés feliz de estar ahí, tal como si estuvieras en una reunión familiar de Navidad.

La pregunta aquí es: ¿Cómo se logra este estado de firmeza, tranquilidad y confianza frente a cualquier audiencia? Eso es lo que aprenderás en este capítulo.

Primero, comprende que el miedo escénico es normal y natural incluso para los profesionales que han subido al escenario miles de veces. David Niven, el actor británico, admitió que después de miles de actuaciones todavía vomitaba antes de entrar en escena.

Según *Book of Lists*, el 54 % de los adultos opina que el temor a hablar en público es mayor que el miedo a la muerte. Pero, como dicen, no hay nada de malo en sentir mariposas en el estómago. El objetivo es que logres hacer que ellas se alineen y vuelen en formación.

## Todos los miedos son aprendidos

La buena noticia es que los niños nacen sin ningún miedo. Los temores que tienes como adulto son el resultado de experiencias infantiles y estímulos negativos que recibes tanto de otros como de ti mismo. Por eso, debido a que estos miedos —incluido el referente a hablar en público— se han aprendido, también se pueden desaprender.

La causa principal de los miedos de los adultos es la crítica destructiva recibida durante la infancia. Cuando los padres critican destructivamente a un niño por cualquier motivo, él o ella pronto desarrollan miedos al fracaso y al rechazo. El temor al rechazo o a la crítica conduce a una hipersensibilidad ante las opiniones de los demás a lo largo de la vida.

Además, los sicólogos afirman que casi todos los problemas mentales y emocionales se remontan al «amor retenido» durante la niñez. Esto pasa cuando el padre, en un intento de manipular y controlar al niño, le da o le niega amor como herramienta para influir en su comportamiento. Como resultado, el niño pronto piensa: «Mientras yo haga lo que mi mamá o mi papá quieren, estaré a salvo. En cambio, si hago lo que ellos no aprueban, no estaré a salvo».

## Niños sensibles, adultos hipersensibles

Un niño que es objeto de críticas destructivas o que no recibe amor se convierte en un adulto que se preocupa demasiado por las opiniones de otras personas y sus actitudes hacia él. En casos extremos, es probable que se vuelva tan asustadizo e inseguro que no pueda hacer nada hasta que esté seguro de que las personas clave que lo rodeen lo aprueben.

Muchas personas se sienten traumatizadas ante la simple idea de ponerse de pie y hablar delante de otros. Esta es una manifestación de los miedos, el fracaso y el rechazo inculcados antes de los cinco años de edad. Pero estos sentimientos bien pueden ser reemplazados por sentimientos de confianza, calma, competitividad y autocontrol.

Muchos de los principales oradores de hoy en día estuvieron tan nerviosos en algún momento de su vida que temblaban ante la sola idea de hablar delante de otros, incluso frente a sus propios equipos de trabajo. Un amigo mío, que hoy les habla con confianza a miles de personas, se orinó en los pantalones y tuvo que salir corriendo del escenario el día que tuvo que dar su primera charla en público.

## Comienza con tu mensaje

Hablar en público con confianza comienza con tener un mensaje que realmente tú quieras que la gente escuche. Esto es extremadamente importante.

Cuando alguien me dice que quiere ser un mejor orador, mi primera pregunta es: «¿Por qué?». ¿Qué es lo que esta persona siente tan fuertemente que quiere compartir sus ideas con otros?

Por desgracia, muchos quieren ser oradores exitosos porque creen que de ese modo ganarán bastante dinero o recibirán los elogios y el aplauso de los demás. Sin embargo, le han prestado poca o ninguna atención a identificar y desarrollar aquellos temas sobre los cuales les gustaría hablar. Según me ha mostrado mi experiencia en este campo, estas personas rara vez superan la mediocridad. En cambio, si tienen temas que les apasionan y quieren desarrollarlos y compartirlos con otros, encontrarán la manera de ser eficaces en el momento de expresarse.

## Habla desde el corazón

Hace algunos años escuché a Wally Amos, el fundador de Famous Amos Cookies, dar una charla sobre la lucha contra el analfabetismo en los adultos. Amos estaba dedicando una gran parte de su tiempo y dinero a ayudar a los adultos a aprender a leer. Por supuesto, cuando les habló a los 600 adultos que formaban parte del público, lo hizo desde su corazón. Obviamente, él no tenía ninguna formación en particular como orador, pero había organizado sus pensamientos e ideas en una secuencia lógica. Habló con gran sinceridad sobre la importancia de que los adultos aprendan a leer y cómo este hecho cambia sus vidas. Al finalizar su charla, Amos recibió una gran ovación de todos los presentes. No hubo duda alguna de que estaba hablando con el corazón y acerca de un tema que entendía muy bien y por el cual se preocupaba.

## El público está de tu lado

El punto de partida para superar tus miedos y tu nerviosismo ante la posibilidad de tener que hablar en público es darte cuenta de que, cuando te levantas para hablar, todos en la audiencia quieren que tengas éxito. Es algo así como ir al cine. ¿Alguna vez has ido a un cine con la esperanza de que la película que vas a ver sea mala y una pérdida de tiempo? ¡Por supuesto que no! Cuando vas al cine, deseas y esperas que la película que elegiste sea buena y justifique tanto el tiempo como el gasto que hayas invertido. Lo mismo ocurre cuando das una charla. Los miembros de la audiencia están a tu favor. Todos quieren que triunfes exactamente como si ellos estuvieran asistiendo a una ceremonia de entrega de premios en la que tú ganaste uno. La gente está ahí para animarte, deseando y esperando ansiosamente que tu presentación sea agradable y exitosa.

Para decirlo de otra manera, cuando te levantas a hablar, empiezas con una nota máxima de A. Ya tienes una magnífica nota. Tu trabajo es mantener tu A desde el principio hasta el final de tu intervención. Recuerda el proceso de desensibilización sistemática de Toastmasters. Al ponerte de pie y hablar una y otra vez frente al público, llegará el momento en que perderás la mayor parte de tu miedo y temor. No hay nada que sea más útil para desarrollar la confianza que la repetición.

## Cómo generar confianza y competitividad

Existen varias técnicas específicas para superar el miedo y la ansiedad al hablar en público. Los mejores oradores del mundo las utilizan continuamente.

### Exprésate verbalmente

El 95 % de tus emociones está determinado por lo que te dices a ti mismo. Es decir, tu diálogo interno controla en gran medida cómo piensas, sientes y actúas. Además, tienes el control total de las palabras que van fluyendo a través de tu mente consciente.

Las palabras más poderosas que puedes usar con el fin de prepararte a nivel mental para un discurso o para cualquier evento son: *¡Me aprecio!*

Antes de levantarte para hablar, repítete una y otra vez: «¡Me aprecio!». «¡Me aprecio!». Estas palabras surten un maravilloso efecto para elevar tu autoestima y disminuir tus miedos. Cuanto más te aprecies a ti mismo, más autoconfianza tendrás y más sereno estarás. Cuanto más te aprecies a ti mismo, más te gustará la gente con la que vas a hablar y mejor te desempeñarás cuando te levantes y pases al frente a hablar en público.

Cuando te sientas nervioso o asustado por algún motivo, puedes cancelar esos miedos repitiendo: «¡Puedo hacer esto!». «¡Yo puedo hacerlo!». «¡Puedo hacer esto!». Los miedos al fracaso y al rechazo se expresan al decir: «¡No puedo! ¡Yo no puedo! ¡No puedo!». Cuando dices *¡Yo puedo hacer esto!*, estás anulando tanto el mensaje negativo como el miedo que estés experimentando. Cuando pruebes esto por primera vez, te sorprenderá comprobar que te sientes mucho mejor y notarás el mayor grado de confianza con el que hablas.

## Visualiza

Toda mejora en tu desempeño exterior comienza con el progreso de tus imágenes mentales. Cuando creas una imagen mental clara, positiva y dinámica de ti mismo a medida que hablas con eficacia, tu mente subconsciente acepta esto como una orden y luego te da las palabras, los sentimientos y los gestos coherentes con tu imagen mental.

Debes «verte» a ti mismo tranquilo, confiado, sereno y sonriendo a medida que te diriges a tu audiencia. Visualiza a tu audiencia enfocada en ti, prestándote total atención, sonriendo, riendo, disfrutando y pendiente de cada palabra que dices, como si fueras increíblemente inteligente y entretenido. Hay dos técnicas de visualización que puedes utilizar.

*Visualización interna y externa*

Al usar la visualización externa, te imaginas en el escenario como si fueras un tercero o un miembro más de la audiencia. Estás mirándote. Te ves allí de pie, tranquilo, confiado y erguido, totalmente relajado y fluido en el tema. Te ves a ti mismo como alguien más que te observa mientras estás dirigiéndote al público. Mediante la visualización interna te ves a ti mismo y ves a tu audiencia a través de tus propios ojos. Te imaginas a la audiencia respondiendo a tu presentación de una manera positiva.

Procura alternar entre estos dos tipos de visualización, mirándote desde adentro y luego viéndote a ti mismo desde fuera, pero de forma positiva en ambos casos. Esto impresiona a tu mente subconsciente con una foto tuya rindiendo al máximo. Entonces, tu mente subconsciente responderá dándote pensamientos y sentimientos que sean congruentes con esa imagen.

*Programa tu mente*

Otra forma de desarrollar confianza y tranquilidad al hablar en público es visualizarte dando tu charla de manera excelente, sobre todo antes de quedarte dormido. Tu mente subconsciente es más susceptible de reprogramación durante los últimos minutos antes de quedarte dormido y en los primeros minutos después de despertarte que en cualquier otro momento del día.

Cuando estés quedándote dormido, visualízate dando una maravillosa conferencia frente a tu próxima audiencia. Esta última impresión empapa a tu mente subconsciente y te impacta a un nivel profundo mientras duermes. Cuanto más repitas este ejercicio, más tranquilo y seguro estarás cuando llegue el momento de hacer tu presentación ante el público. Este método de ensayo mental es muy poderoso.

## Genera la emoción que quieres sentir

De hecho, puedes «experimentar la sensación» que te gustaría sentir cuando ya seas un orador exitoso y popular. En otras palabras, puedes forjar sentimientos de felicidad, alegría, orgullo, emoción y confianza generándolos tú mismo antes de hablar. Para ello, supón que acabas de hacer un maravilloso discurso y que todos los presentes están de pie, sonriendo animados y aplaudiendo. Luego, imagina que te sientes maravilloso contigo mismo y que estás satisfecho del gran trabajo que acabas de realizar.

Cuando estés solo, genera estos sentimientos exactamente como serían si tu presentación fuera tan exitosa como lo deseas. Genéralos y combínalos con la afirmación: «Yo siempre hago una magnífica presentación». Combínalos también con la imagen visual que tienes de ti mismo como orador profesional, fluido y competente.

El famoso sicólogo y filósofo William James afirmó: «La mejor manera de lograr un sentimiento es actuar como si ya lo estuvieras experimentando». Las acciones están mucho más bajo el control de la voluntad que de los sentimientos. Si actúas como si en realidad ya tuvieras un determinado sentimiento, desencadenas ese sentimiento. Esta es la clave para lograr exitosas actuaciones y representaciones teatrales de todo tipo.

Una buena técnica para generar una emoción específica se llama «el fin de la película». Para entenderla y practicarla, imagina que vas al cine a ver una película, pero llegas temprano y la proyección anterior de la misma película que has venido a ver no ha finalizado del todo. Aun así, entras y te sientas a ver los últimos diez minutos de la trama. Entonces, ves cómo el drama se resuelve solo y al final hay un buen desenlace para los personajes.

Cuando termina la película, regresas al vestíbulo del teatro por unos minutos hasta que la proyección comience de nuevo. Luego, regresas a tu asiento y ves la película desde el principio, solo que esta vez ya sabes cómo esta termina. Sabes que termina bien y que los giros y entresijos de la trama se resolvieron con éxito. Como resultado de conocer el final, te sientes mucho más sereno a medida que se desarrolla la trama, así que disfrutas de las distintas escenas sin preocuparte, porque sabes que todo termina bien.

De la misma manera, utiliza la técnica del «fin de la película» para cada discurso que expongas. Imagina que has llegado al final de tu charla y todos sonríen y aplauden. Has hecho un trabajo maravilloso. Te sientes feliz, orgulloso y emocionado. Tus amigos en el público sonríen con aprecio y placer. Imagínate el final de tu discurso, incluso desde antes de comenzar a pronunciarlo.

Practica este método solo, una y otra vez, antes de hablar. Te sorprenderá la frecuencia con la que tu discurso terminará exactamente como lo visualizaste.

## Maneja tu mente subconsciente

Aquí hay un descubrimiento importante: tu mente subconsciente no puede diferenciar entre un evento real y uno que te imagines vívidamente. Por ejemplo, si tienes una experiencia de éxito real, tu mente subconsciente la registra como *una* experiencia de éxito. Esta recordada vivencia te brindará mayor confianza en la próxima experiencia similar, especialmente en lo relacionado a hablar en público.

Sin embargo, si creas las imágenes adecuadas, generas la emoción que deseas sentir e imaginas una experiencia de éxito —aun cuando no la hayas tenido, según tu mente subconsciente—, en realidad estás teniendo esa experiencia en el plano real. Entonces, si visualizas y reproduces en tu mente diez, veinte o cincuenta veces una experiencia positiva relacionada con hablar en público, tu mente subconsciente registrará que acabas de dar diez, veinte o cincuenta charlas exitosas y que todas terminaron en ovaciones de pie y en audiencias felices.

Cuando practicas este método y repites tu imagen mental exitosa una y otra vez, tu mente subconsciente finalmente queda tan convencida de que eres excelente hablando en público que, como es natural, sientes la calma, la claridad y la confianza que acompañan a tu discurso cuando eres un profesional completo.

Cuando reúnes estos tres aspectos —verbalización, visualización y la generación de un sentimiento de éxito—, lo que estás haciendo es programar tu mente subconsciente para el éxito y preparándote para hablar excelentemente delante de cualquier audiencia.

## Otros generadores de confianza

Es posible realizar con mucha antelación gran parte de la preparación mental que se requiere para hablar en público. Sin embargo, hay algunas cosas que los oradores pueden hacer para calmar sus nervios inmediatamente antes de hablar y así mejorar sus discursos.

### Conoce el lugar

Cuando llegue el día de dar tu discurso, llega temprano y conoce el lugar donde vas a hacer tu presentación. Sube al escenario y párate detrás del atril. Camina por el salón de tal modo que puedas ver en dónde estarás hablando desde la perspectiva de la audiencia.

Habla con algunos de los asistentes a la reunión que lleguen temprano y hazles preguntas tales como de dónde son, qué hacen, cuáles son sus nombres y dales tú también tu nombre. Cuanto más hables con las distintas personas antes de comenzar a exponer, más sereno estarás. Te sentirás como si estuvieras entre amigos.

Cuando te presenten al público y comiences a hablar, busca a las personas de la audiencia con las que hablaste y míralas directamente, sonriendo, como si se tratara de una conversación uno a uno con un viejo amigo. Esto hará que te relajes y te sientas en control de tu intervención.

### Haz algunos ejercicios de respiración para relajarte

Antes de hablar, procura inmediatamente relajarte y prepararte para dar una excelente charla respirando muy profundo varias veces. La mejor fórmula para respirar de este modo es la que llamo «7 x 7 x 7». Lo que debes hacer es respirar profundamente, lo más hondo posible, a la lenta cuenta de 7. Luego, contienes la respiración, también hasta la cuenta de 7, y luego exhalas lentamente contando hasta 7.

Repite este ejercicio de respiración siete veces, inhalando, conteniendo la respiración y exhalándola lentamente. Cuando respiras profundamente y sostienes tu respiración, caes brevemente en el nivel alfa de la mente, aclarando tu pensamiento, calmando tus nervios y preparándote para hablar bien.

### Anímate

Justo antes de que te presenten al auditorio, es crucial que te digas a ti mismo: «¡Esta va a ser una gran presentación! ¡No veo la hora de comenzar! ¡Esto va a estar muy bueno!». Luego, vuelve a repetirte: «¡Me aprecio! ¡Me encanta la persona que soy! ¡Me fascina!».

Di estas palabras con emoción, como si estuvieras tratando de convencer a alguien al otro lado del escenario de que tú realmente crees en todas y cada una de ellas. Cuanto más positivamente te hables a ti mismo, mayor será el impacto positivo que lograrás en tu subconsciente y en tu comportamiento.

### Mueve los dedos de los pies

Una forma de aumentar tu confianza y disminuir tus miedos es moviendo los dedos de tus pies antes de empezar a hablar. Suele ocurrir que, cuando estás realmente feliz y emocionado, sobre todo como cuando eras niño, mueves los dedos de los pies. Verás que si lo haces antes de empezar a hablar en público, te sentirás más positivo y entusiasta. Te darán ganas de sonreír y te sentirás feliz. Recuerda, las acciones crean los sentimientos, así como los sentimientos crean las acciones.

### Mueve los hombros

Debido a que, antes de hacer un discurso en público, gran parte de la tensión del orador suele centrarse en su espalda y sus hombros, intenta relajarte moviendo los hombros varias veces. Agita tus manos suavemente, como si estuvieras intentando sacudirte el agua de los dedos. Esta acción parece aliviar la tensión y también el estrés. Cuando combinas todo esto —la respiración profunda con el movimiento de los hombros, las manos y los dedos de los pies— te sientes cada vez más relajado, feliz y listo para hacer tu presentación.

### Mantente erguido

Cuando te levantes para hablar, mantén la cabeza derecha y erguida. Imagina que hay una cuerda que va desde la parte superior de tu cabeza al techo y que estás colgando de ella. Al pensar que la cuerda mantiene tu cabeza erguida, tiendes a ponerte en una posición corporal más recta, que le da a todo tu porte una actitud de confianza y poder.

### Piensa en tu audiencia

Encuentra una manera de ponerte en una posición de poder desde el punto de vista mental con respecto a tu audiencia. Por ejemplo, antes de empezar a hablar, imagina que la audiencia está formada por personas que te deben dinero. Todas han venido hasta aquí a pedirte que les des más tiempo para pagarte.

También puedes imaginar que los miembros de la audiencia están sentados allí en ropa interior. Esta imagen mental te hace sonreír, reduce la tensión y contribuye a que tu presentación sea más efectiva.

Cuando piensas así con respecto a los miembros de tu audiencia, te serenas más al hablar con ellos.

### Siéntete agradecido

Una excelente manera de aumentar tu nivel de confianza con tu audiencia es sintiendo gratitud ante el hecho de tener esta oportunidad de hablar con ellos. Di para ti mismo: «Estoy muy agradecido de tener la oportunidad de hablar con esta gente. ¡Gracias! ¡Gracias! ¡Gracias!». Imagina que realmente te preocupas por ellos. Repítete una y otra vez: «¡Amo a mi audiencia! ¡Amo a mi audiencia! ¡Amo a mi audiencia!».

Los oradores profesionales están familiarizados con la expresión «el privilegio del escenario». Cuando te levantes para hablar, piensa siempre en el maravilloso privilegio que tienes de poder compartir tus ideas con estas extraordinarias personas. Cuanto más agradecido estés por la oportunidad de hablar con ellas, más positivo y entusiasta serás con cada palabra.

Cuanto más genuinamente te gusten y te interesen las personas ante las cuales estás hablando, más confianza tendrás. Cuanto más las veas como amigos que te agradan a los cuales tú también les agradas, más relajado estarás.

### No se trata de ti

Por último, recuerda que no se trata de ti. Se trata de ellos. Deja de pensar en ti mismo y en tus preocupaciones personales acerca de lo que otros puedan pensar sobre ti. Más bien, enfócate en tu audiencia tanto a nivel mental como emocional y piensa exclusivamente en ellos.

Mi amigo Cavett Robert, fundador de la Asociación Nacional de Oradores y un hombre maravilloso, dijo una vez que cuando él era un joven orador, corría al escenario con la actitud de «¡Aquí estoy!». Dijo también que solo comenzó a convertirse en un excelente orador cuando revirtió su actitud. Entonces, en lugar de pensar «¡Aquí estoy!», comenzó a subir corriendo al escenario con la sensación de «¡Vaya, ahí están!».

Cuando empiezas a ver a tu audiencia como una sala llena de personas maravillosas, excepcionales, cálidas, encantadoras e interesantes, también tú tienes la misma actitud de «¡Vaya, ahí están ustedes!» y disminuyen tus miedos. Comienzas a sentirte cada vez más tranquilo, confiado, cálido, amigable y positivo. De ese modo, estarás en el camino correcto a convertirte en uno de los mejores oradores en tu campo.

## MARGARITA

De todas las técnicas poderosas que te acaba de enseñar Brian, la que más me ha ayudado es la de entender que no se trata de mí.

Cuando era más joven me preocupaba mucho por cómo me veía, si mi pelo estaba bien arreglado, si el maquillaje era el correcto, la ropa, los zapatos, en fin...

Hoy, después de casi ya treinta años pisando escenarios, le pido a Dios que me haga la «mujer invisible». ¿Qué quiero decir con eso? Que una vez en el escenario mi apariencia física es irrelevante, pues todo mi trabajo se relaciona con la audiencia. Yo estoy ahí para servir, para que mis palabras logren un impacto positivo en esas personas que apartaron algo de su valioso tiempo para escucharme. Esto me da felicidad y tranquilidad, pues mi enfoque es dar, no recibir. Es como subir a un lugar a repartir regalos y saber que las personas los recibirán con alegría.

### Maneja tu lenguaje

También, como lo menciona Brian, manejo mi lenguaje. Yo no digo: «Tengo que estar aquí», ni tampoco: «Tengo que dar un discurso». Yo digo: «Tengo la oportunidad de estar aquí», «Tengo la oportunidad de compartir un conocimiento valioso que ha cambiado mi vida y que seguramente ayudará a muchos de la audiencia a cambiar la suya».

Por otro lado, la ansiedad y el entusiasmo son dos caras de una misma moneda. Si sientes taquicardia y mariposas en el estómago, con tu lenguaje le das el significado que desees a esas reacciones físicas que está teniendo tu cuerpo. Puedes elegir decir: «¡Qué ansioso estoy!», o puedes elegir exclamar: «¡Guau, qué entusiasmado me siento!». Las palabras dan el significado, y tú siempre puedes decidir nombrar aquello que sientes en tu cuerpo.

### Sonríe

Cuando sonríes, la química de tu cuerpo cambia. Le mandas el mensaje a tu cerebro de que estás feliz de estar allí. La sonrisa es una calle de dos vías, si bien es cierto que el que está feliz sonríe, también hoy sabemos que sonreír te pone feliz.

### Usa poses de poder

En su charla Ted, Amy Cuddy explica algunos experimentos que hizo con grupos de personas que se colocaban en poses de poder por solamente dos minutos. Una pose de poder es, por ejemplo, pararse como Superman o La Mujer Maravilla con las manos en la cintura y erguido, o con los brazos en alto haciendo una V de victoria. Cuddy cuenta que con tan solo dos minutos de hacer esto, las personas mostraron grandes reducciones de la hormona del estrés cortisol y elevaron su testosterona, una hormona que nos ayuda a actuar.

Cuando voy a entrar a un escenario, me lo tomo muy en serio. Les pido a los organizadores estar sola si es posible, y paso esos minutos previos sonriendo, haciendo poses de poder y escuchando música que me llena de energía. Elijo canciones como «La vida es un carnaval», de Celia Cruz; «Mejor que ayer», de Diego Torres; «Unstoppable», de Sia, entre otras. Puedes escuchar el *playlist* que mi hija Sofía y yo hemos creado con nuestras canciones motivadoras favoritas para oírlas antes de nuestro pódcast «Yo pude, ¡tú puedes!» en Spotify bajo el nombre: YPTP Sofi + Margarita.

## Equivocarse ya no es un pecado

Si bien, como te explicó Brian, la preparación es fundamental para sentirse seguro, ten la tranquilidad de saber que todos en algún momento hemos olvidado una palabra, no nos ha funcionado el micrófono o nos hemos enredado. Lo importante es respirar y decirte mentalmente la palabra: *retomo*. Puedes incluso decirla en voz alta. Sonríes, pausas, aclaras tus ideas y dices: «Retomo», y luego continúas con tu charla. No te pongas nervioso, no es el fin del mundo. La audiencia incluso te ayuda, ellos quieren que te vaya bien.

Recuerdo haber estado en un escenario en México y comenzar a contar una historia hermosa e impactante sobre un astronauta mexicano cuya aplicación a la Nasa fue rechazada más de diez veces, y de repente, al empezar la historia, se me había olvidado su nombre. Por más que lo buscaba en mi mente, no lo encontraba, y lo sabía, me lo sabía con seguridad, pero se me había borrado. Entonces, ¿sabes qué hice? Le pregunté a la audiencia: «¿Quién sabe cómo se llama el astronauta mexicano que trabajaba en el campo en Estados Unidos y del cual hicieron una película?». «José Hernández», empezaron a gritar varios. «Gracias, claro, admiro mucho a José Hernández», y continué con la historia. No es lo ideal, pero no es el fin del mundo. Cuando pierdes el hilo o la tecnología no funciona, no entres en pánico, tranquilo. Pídele ayuda al público o al equipo técnico.

Te doy otro ejemplo. Estando en un escenario en Caracas, Venezuela, se arruinó el micrófono de diadema que estaba usando. El equipo técnico procedió a pasarme rápidamente un micrófono de mano. El problema es que yo me expreso mucho con las manos y prefería el de diadema. ¿Sabes qué hice? Le pedí al público que hablaran con la persona que tenían al lado y que cada uno mencionara tres cosas que habían aprendido hasta ahora y que pensaban hacer distinto a partir de lo que habían asimilado. Ese ejercicio entre ellos me regaló unos tres minutos para que reemplazaran mi micrófono de diadema por otro que sí funcionaba.

En conclusión, prepárate para el éxito visualizándote como te explicó Brian, haciendo poses de poder, sabiendo que la audiencia es lo más importante y que estás ahí para servir, entendiendo que ellos quieren que te vaya bien y son tus amigos. Y si algo no saliera como lo esperabas, respira, retoma y recuerda que no es el fin del mundo. El público siempre estará ahí para ayudarte.

## Ejercicio

Escribe tres cosas que vas a hacer antes de dar un discurso presencial o digital para sentirte feliz, honrado y motivado:

1.________________________________________

___________________________________________

___________________________________________

2.________________________________________

___________________________________________

___________________________________________

3.________________________________________

___________________________________________

___________________________________________

CAPÍTULO 4

# Empieza seguro frente a cualquier audiencia

*El comienzo es la parte más importante de cualquier trabajo, especialmente si apenas estás empezando a realizarlo, pues ese es el momento en el que vas forjando tu carácter y la imagen que deseas que los demás tengan de ti.*

—PLATÓN

Cuando se trata de empezar fuerte con tu público ten en cuenta dos cosas, una, «nunca tienes una segunda oportunidad para causar una buena primera impresión» y dos, «un buen inicio es la mitad del trabajo».

Tu objetivo es causar una gran primera impresión en los miembros de tu audiencia. Eso significa que incluso antes de empezar a hablar le has transmitido a tu público que eres profesional, capaz, seguro de ti mismo y alguien que les puede agradar y en quien pueden confiar. Estás ahí para ofrecerles un beneficio que desean y necesitan.

Hay varias maneras de prepararse para el éxito en este ámbito. Una de las mejores cosas que puedes hacer es estar listo para tu presentación y para tomar el mando del escenario. En muchos casos, puedes visitar el local o el espacio de reunión con antelación para saber qué esperar y hacer un ensayo o visualizarte entrando en el escenario y asumiendo el mando. Cuando practicas con antelación, aunque sea en tu mente, desarrollas una mayor confianza y te sientes más cómodo cuando llega el evento real.

A mí me encanta el concepto de «un buen inicio es la mitad del trabajo». Como orador, si planificas, practicas y memorizas la forma en que comenzarás, eso no solo te ayuda con el pánico escénico, sino que también empezar fuerte y con confianza marca el tono de toda tu charla. Debido a que has practicado y tienes claro tu mensaje, empiezas con mayor impacto y como resultado es más fácil mantener ese impulso durante toda la presentación. Tu trabajo consiste en trasmitirle a tu audiencia el valor de tu charla con una apertura clara y poderosa.

En este capítulo te enseñaremos varias formas de captar la atención de la audiencia y conducirte hacia tu introducción, de modo que empieces con fuerza, conectes rápidamente y atraigas al público desde el primer momento.

**—CHRISTINA**

Seguro has oído decir: «Las primeras impresiones son las que cuentan. Nunca tendrás una segunda oportunidad para dar una buena primera impresión». También habrás oído esto: «Si empiezas bien, ya hiciste bien la primera mitad de tu trabajo».

Cuando comiences tu presentación, enfócate en darles una primera impresión positiva a los miembros de tu audiencia. De ese modo, captarás su atención y los prepararás para que te escuchen y sean receptivos a tus comentarios.

## Tu introducción

Si antes de tu intervención alguien te va a presentar ante el público, la introducción es la mejor parte para preparar el escenario. El propósito de esta es generar expectación en la audiencia, hacer que la gente se enfoque —tanto mental como emocionalmente— en escuchar lo que tienes que decir. Por lo tanto, debes planificar tu introducción con antelación y de manera minuciosa.

Una buena introducción prepara el escenario, contándole a la audiencia acerca de tus logros. Luego, hace referencia al tema que vas a tratar y al título de tu presentación. Tu nombre es el último dato por mencionar. Dependiendo del tema o lo exhaustivo de tu participación, esta puede ser breve o amplia.

He aquí un ejemplo: «Nuestro orador de esta noche ha comenzado veintidós negocios y ha amasado más de un millón de dólares en ocho diferentes empresas. Hoy, nos va a hablar sobre "Cómo tener éxito en los negocios si queremos intentarlo de verdad". Por favor, un aplauso. Demos la bienvenida al señor Brian Tracy».

Una introducción más larga incluiría más detalles sobre los antecedentes y logros del expositor, especialmente en lo que respecta al tema. La atención siempre debe estar enfocada en generar expectativas y credibilidad entre los miembros de la audiencia, de tal modo que ellos tengan una actitud que diga algo como «No veo la hora de escuchar lo que esta persona va a decir».

## Después de la introducción

Es necesario que sucedan muchas cosas entre el final de la introducción y el comienzo de tu discurso, así que ten en cuenta las siguientes cinco pautas mientras subas al escenario. Te ayudarán a causar una impresión positiva en la audiencia y a establecer el tono adecuado para comenzar a hacer tu presentación.

## Entra al escenario confiado

Cuando te presenten, sube seguro al escenario y estrecha la mano del presentador. Dale un abrazo si es apropiado. Acto seguido, permite que el presentador abandone el escenario y ubícate de frente al público.

Empieza haciendo silencio, de modo que la audiencia se aquiete y se centre en ti. Sonríe y recorre con tu mirada el lugar durante algunos segundos. Hazlo despacio, mostrando que te sientes realmente feliz de estar con ellos.

Al verte allí, en silencio y sonriendo, el público se sentará y se acomodará, guardará silencio y permanecerá atento, a la espera de que comiences con tu presentación. Entonces, comienza haciendo una apertura contundente, clara, amigable, interesante y que llame la atención. Haz una introducción que le dé paso al tema de tu discurso y que además esté relacionada con el cierre que tienes planeado hacer.

## Cuida tu presentación personal

La regla aquí es que nada en tu ropa o arreglo personal distraiga a la gente, de modo que eso evite que se concentren en tu mensaje. La gente se formará una opinión sobre ti en los primeros treinta segundos. Por eso, tu imagen, tu vestuario, tu pulcritud y tu postura corporal son muy importantes.

Tu apariencia personal les dice a los presentes cómo piensas y sientes acerca de ti mismo, pues esta es una expresión de tu autoimagen. Además, les dice cómo piensas y sientes acerca de ellos. Por consiguiente, la regla es: «Si no contribuye, sobra».

Muchos oradores piensan que es «genial» pararse frente a sus audiencias vestidos informalmente, como si acabaran de estar trabajando en el jardín. Pero lo que eso suele comunicarle al público es que no te respetas a ti mismo ni a ellos. Esta impresión degrada la percepción y el valor de lo que vas a decir.

Mis clientes suelen celebrar sus reuniones anuales en hermosos centros turísticos en el sur y el oeste del país. Dicen: «Todo el mundo estará vestido informalmente en el club campestre», así que me acogerían si también voy del mismo modo. Sin embargo, nunca acepto esa oferta. La regla es vestir siempre igual o mejor que el público, como todo un profesional.

Un joven amigo mío es muy buen orador. Creció en un hogar de escasos recursos. Como resultado, no estaba particularmente bien informado sobre cuál es la vestimenta adecuada o la elección de los accesorios que se deben usar para hacer una presentación frente al público. El caso es que, una Navidad, alguien le regaló un gran anillo dorado. Él decidió usarlo en su dedo meñique y adoptó la costumbre de agitar su mano a medida que hablaba, pensando que aquel era un ademán atractivo.

El hecho es que, en una ocasión, después de hacer su presentación, el organizador de la reunión lo llevó aparte y le dijo: «Eres un buen tipo y tu mensaje es bueno, pero ese anillo que usas en el meñique, hace que parezcas un proxeneta».

Él no tenía ni la menor idea de que estaba dando esa impresión, así que se lo quitó de inmediato y nunca más volvió a usarlo.

## Genera expectativas positivas

Tu primer objetivo es generar buenas expectativas. Hacer que los miembros de la audiencia se sientan contentos de haber acudido a tu presentación. Por lo tanto, debes lograr que estén interesados y ansiosos por escuchar lo que vas a decir.

Recuerda que ellos quieren que tengas éxito. Están de tu parte. Quieren que tu charla sea buena. Tus primeras palabras deberán confirmarles que así será.

Es importante agradar al público desde el principio. Mientras más simpático te perciban las personas, más receptivas estarán a tu mensaje y menos se resistirán a cualquier punto o idea controversial que les plantees.

### Toma el control de inmediato

Cuando te paras a hablar frente al público, te conviertes de inmediato en el líder. La gente en la audiencia quiere que tengas el control de la situación. Por tanto, actúa como si fueras el dueño del recinto y como si todo funcionara a tu favor. Los presentes seguirán tus órdenes.

Cuando te presenten al público, camina directo hacia el punto en el que vas a estar hablando, con los hombros erguidos, sonriendo y confiado, con los ojos bien abiertos y la barbilla levantada. Necesitas estar alerta y consciente, caminar rápidamente, con energía y determinación.

Cuando empieces a hablar, concéntrate en una sola persona que forme parte de la audiencia. Comienza hablando directa y cordialmente con ella. Luego, pasa espontáneamente a otra cara, luego a otra y a otra. Este contacto visual directo te estabiliza, calma tus nervios y te ayuda a desarrollar una relación con la gente que conforma tu audiencia.

### Sé auténtico y humilde

La mejor forma de agradar es ser auténtico y humilde.

Lograrás ser auténtico si te comportas de manera genuina y franca. Quizá, luzcas un poco avergonzado y abrumado debido a la atención positiva que el público te está dando. Sonríe sincera y cálidamente a medida que tus ojos recorran al público.

Mostrarás humildad al no dar la impresión de que lo sabes todo o de que eres superior a la audiencia de alguna manera. A veces, después de recibir una presentación entusiasta, me dirijo al presentador y le doy las gracias. Digo algo divertido como: «Gracias. Leíste la introducción exactamente como mi esposa la escribió. Sin embargo, la verdad es que todavía no logro hacer que mis hijos se vayan a la cama cuando yo les digo».

## Una larga lista de formas de iniciar un discurso

Ahora que eres el centro de la reunión, ¿cómo haces para empezar a hablar? Hay varias formas de iniciar una charla de forma eficaz y todas están destinadas a atraer a tu audiencia desde el principio, de tal modo que obtengas la atención de todos durante la duración de tu discurso.

### Agradece a los organizadores

Comienza agradeciéndole a la audiencia por venir y agradécele también a la organización que te contrató por invitarte a hablar. Refiérete a la persona que te presentó o a una o más personas de alto nivel de la organización que estén en la audiencia. Esto los hace sentirse orgullosos y felices con tu presencia y te conecta con el público como un enchufe a una toma de corriente.

### Comienza con una declaración positiva

Inicia tu presentación diciéndoles a los miembros de la audiencia cuánto les gustará y disfrutarán lo que les vas a decir. Por ejemplo, di algo así: «Les aseguro que disfrutarán el tiempo que pasemos juntos esta noche. Compartiré con ustedes algunos de los conceptos más importantes y recientes con respecto a este tema».

### Haz sentir bien a la audiencia

Comienza saludando sinceramente a los miembros de la audiencia. Hazlo con mucho respeto. Sonríe como si estuvieras realmente contento de verlos, como si todos fueran viejos amigos tuyos que no has visto desde hace un buen rato.

Diles que es un gran honor para ti estar allí. Que todos y cada uno de ellos son parte de la gente más importante en ese negocio o industria y que tu mayor deseo es compartirles ideas clave que les sirvan de gran provecho. Procura decir algo como: «Es un honor estar hoy aquí con ustedes. Ustedes son la élite, el 10 % superior de las personas que forman parte de esta industria. Solo los mejores en cualquier campo se toman el tiempo y hacen el sacrificio de venir tan lejos a una conferencia como esta».

## Haz una declaración que le agrade a la audiencia

A menudo, cuando hablo con los miembros de una organización empresarial o grupo de *networking*, comienzo con: «Muchas gracias por invitarme. Me dijeron que el día de hoy me dirigiría a una audiencia llena de millonarios que se han esforzado y se han hecho a sí mismos».

Después de hacer esta declaración, me quedo en silencio, sonriendo y mirando alrededor, permitiendo que mis palabras penetren. Luego, continúo diciendo: «Tengo entendido que todos aquí son personas que se han hecho millonarias por sí mismas o que pretenden serlo en el futuro. ¿Es eso correcto?».

Esta apertura siempre trae consigo un fuerte coro que dice «¡Sí!». Todos sonríen y aceptan que su objetivo es trabajar duro hasta convertirse en millonarios. Después de este tipo de apertura, los presentes estarán completamente dispuestos, alertas y listos para escuchar lo que tengo que decirles.

## Refiérete a eventos actuales

Utiliza una noticia actual de primera plana para darle paso a tu tema y para ilustrar o probar tu punto. Por ejemplo, trae contigo un ejemplar de un periódico y sostenlo a medida que mencionas el artículo que hayas elegido para hacer tu introducción. Esta imagen visual tuya, sosteniendo el periódico y explicando o leyendo un punto clave, atrae la atención de la audiencia y hace que la gente quiera escuchar con atención lo que vas a decir.

*Haz referencia a un hecho histórico*

Durante muchos años, estudié sobre historia militar. Más que todo, me enfoqué en estudiar las vidas y campañas de los grandes generales, junto con las batallas más importantes y decisivas que ganaron. Uno de mis personajes favoritos es Alejandro Magno.

Un día, me pidieron que diera una charla sobre principios de liderazgo ante una audiencia llena de gerentes de una empresa que forma parte de Fortune 500. Decidí que la campaña de Alejandro Magno contra Darío de Persia sería una excelente anécdota que ilustraría las cualidades del liderazgo de uno de los grandes comandantes de la historia. Entonces, inicié mi presentación con estas palabras:

> Había una vez un joven llamado Alex que creció en un país pobre. Pero era un chico ambicioso. Desde temprana edad, decidió que quería conquistar el mundo entero. La cuestión es que había un pequeño problema. La mayor parte del mundo estaba bajo el control de una enorme multinacional llamada Imperio persa, encabezada por el rey Darío II. Para cumplir su ambición, Alex decidió quitarle una cuota de mercado al líder, pero este estaba bastante decidido a aferrarse a sus clientes.
>
> Esta es la misma situación que existe entre tus principales competidores y tú en el mercado actual. Por lo tanto, vas a tener que utilizar todas tus habilidades de liderazgo para ganar las grandes batallas de mercadeo que surjan a lo largo de tu camino al éxito.

## Menciona a una persona reconocida

Siempre es bueno comenzar citando a una persona o publicación reconocida que haya hecho alguna declaración importante reciente. He aquí un ejemplo:

> Hoy, vamos a hablar de por qué algunas personas ganan más dinero que otras. Gary Becker, ganador del Premio Nobel de Economía,

> escribió hace poco que casi toda la desigualdad de los ingresos en Estados Unidos es el resultado de una brecha en lo concerniente a los conocimientos y las habilidades de cada individuo. Es por eso que, a continuación, les mostraré cómo desarrollar el conocimiento y las habilidades que cada uno necesita para reducir esta brecha y liderar de aquí en adelante en su campo de acción.

He aquí otro ejemplo: uno de los temas que toco habitualmente es la importancia del constante desarrollo personal y profesional. Diré algo como: «En el siglo veintiuno, el conocimiento y el saber cómo hacer las cosas son las claves del éxito. Como afirmó el entrenador de baloncesto Pat Riley: "Si no estás mejorando, estás empeorando"».

### Refiérete a una conversación reciente

Empieza contando algo acerca de alguna conversación reciente que hayas tenido con alguien que se encuentre entre el público. Por ejemplo, podrías decir: «Hace unos minutos estaba hablando con Tom Robinson en el vestíbulo y me dijo que este es uno de los mejores momentos para trabajar en esta industria, y yo estoy de acuerdo con él».

### Haz una declaración impactante

Comienza tu charla haciendo una declaración impactante. Por ejemplo: «Según un estudio reciente, habrá más cambios, más competencia y más oportunidades que nunca en esta industria durante el próximo año. Se estima que el 72 % de las personas que se encuentran en esta sala estarán haciendo algo diferente dentro de los dos años siguientes si no se adaptan rápidamente a estos cambios».

### Cita una investigación reciente

También puedes comenzar citando algo acerca de una investigación reciente. Un ejemplo es: «Según un artículo publicado hace unos días en *Business Week*, en 2007 había casi 9.000.000 de millonarios en

Estados Unidos, la mayoría de los cuales se forjaron a sí mismos. Lo interesante es que este número se duplicará en el 2015».

## Dale esperanza a tu audiencia

El filósofo francés Gustav Le Bon escribió: «La única religión de la humanidad es, y siempre ha sido, la esperanza».

Cuando hablas con eficacia, le das a la gente la esperanza de algo amable. Recuerda, el propósito primordial de hablar frente a un público es inspirarlo a un cambio de pensamiento, sentimiento y acción. Es motivar e inspirar a las personas a hacer cosas que no habrían hecho de no ser por tus comentarios. Todo lo que digas debe estar relacionado con las acciones que quieres que la gente tome y con las razones por las que ellos deberían realizar dichas acciones.

## Comienza con humor si es apropiado

Inicia tu charla con humor, pero solo si eres naturalmente divertido. Debes estar seguro de que la audiencia interpretará tu historia o la entenderá como una intervención humorística tuya. Por esta razón, es bueno probar tu humor varias veces con otras personas para así asegurarte de que el chiste funciona. Utiliza el humor solo si de verdad crees que el chiste o la historia son divertidos, si vas a poder expresarlos con humor, y es probable que la audiencia sea receptiva.

Algunos de los mejores oradores profesionales comienzan con un estilo de humor que sea tan directo y apropiado que haga reír a los miembros de la audiencia y capte toda su atención. Pero eso es un arte. Se necesita un tipo especial de personalidad para utilizarlo de forma eficaz.

Te diré algo importante al respecto. Es bastante fácil empezar con un chiste de algún tipo. Yo solía hacer esto para empezar casi todas mis charlas. Sin embargo, con el tiempo he aprendido que mis comentarios iniciales marcan la pauta para lo que está por venir. Si empiezo con humor, el público asumirá que mi charla va a ser divertida y entretenida. Entonces, si después comienzo a hablar de forma más seria o entro a hablar de un tema reflexivo, la gente se sentirá confundida y decepcionada. Ten cuidado con esto.

### Sé entusiasta

Bill Gove, uno de los mejores oradores de Estados Unidos, subía al escenario después de ser presentado como si acabara de hablar con alguna persona y él la hubiera hecho a un lado solo para comenzar a dar su charla frente al grupo. De ese modo, el público tenía la sensación de que toda su charla era una conversación continua.

Bill solía dirigirse al borde del escenario y luego usaba un tono de voz conspirativo, abría los brazos e invitaba a los miembros de la audiencia a que se acercaran un poco más hacia él. Les decía: «Vengan aquí que quiero decirles algo». Luego, les hacía señas para que se movieran hacia adelante como si estuviera a punto de contarles un secreto a todos los presentes.

Lo sorprendente era que todos se acercaban ansiosos por escuchar el tal «secreto» que él estaba a punto de revelarles. De repente, todos se daban cuenta de lo que estaban haciendo y estallaban en risa. Esa era una estrategia maravillosa que usaba para poner a la audiencia en la palma de sus manos.

### Haz una pregunta y realiza una encuesta

También es bueno comenzar haciendo una declaración positiva para luego plantear una pregunta que requiera que la gente levante la mano. Prueba algo como esto: «Este es un buen momento para vivir y hacer negocios en Estados Unidos. Por cierto, ¿cuántas personas aquí trabajan por cuenta propia?».

Levanta la mano para indicar que eso es lo que quieres que hagan las personas. Yo he usado esta pregunta y, después de que veo que varias manos se alzan, le pregunto a una de esas personas: «¿Cuántos aquí trabajan *realmente* por cuenta propia?».

Cualquiera de ellos dirá, invariablemente: «¡Todos!».

Entonces, los felicito y afirmo la respuesta: «¡Tienes razón! Todos nosotros somos trabajadores independientes desde el momento en que conseguimos nuestro primer empleo hasta el día en que nos jubilamos; todos trabajamos para nosotros mismos, sin importar quién firme nuestros cheques de pago».

### Haz que los presentes hablen entre ellos

Puedes pedirles que cada uno se dirija a la persona que está a su lado e intercambie ideas acerca de algún tema o punto en particular. Por ejemplo, haz esta propuesta: «Díganle a la persona que tienen al lado qué es lo que les gustaría aprender en este seminario».

Cualquier cosa que les pidas a los miembros de tu audiencia que hagan, dentro de lo razonable, ellos lo harán por ti. Tus órdenes y tu liderazgo influirán fácilmente en ellos, siempre y cuando te conduzcas con seguridad y autoconfianza.

### Empieza con un problema

Puedes comenzar planteando un problema que debe resolverse. Si es uno que casi todo el mundo tiene en común, inmediatamente tendrás la atención completa y exclusiva del público. Por ejemplo, puedes decir:

> El 63 % de la generación de la posguerra [conocidos como *baby boomers*] está avanzando hacia la jubilación sin suficiente dinero reservado para mantenerse a lo largo de los años venideros. Debemos abordar este problema y tomar medidas de inmediato para garantizar que cada persona que se jubile pueda vivir cómodamente durante el resto de su vida.

### Haz una declaración y formula una pregunta

Puedes empezar haciendo una declaración contundente y luego formular una pregunta al respecto. Cuando recibas respuestas, haces otra pregunta. Esto provoca que la gente se involucre de inmediato y escuche cada una de tus palabras. He aquí un ejemplo:

> El 20 % de las personas en nuestra sociedad gana el 80 % del dinero. ¿Eres tú un miembro de ese 20 % superior? Si no, ¿te gustaría unirte a ese 20 % o incluso al 10 % superior? Bueno, en los próximos minutos te daré algunas ideas que te ayudarán a convertirte en una de las personas mejor pagadas del momento. ¿Sería ese un buen objetivo para querer invertir nuestro tiempo juntos el día de hoy?

Es un fenómeno sicológico interesante observar que las personas están condicionadas desde la infancia a responder cuando se les hace una pregunta. Cada vez que planteas una de cualquier tipo, la gente te responde de manera instintiva y automática, así solo sea para sí misma.

Cuando preguntas: «¿Cuántas personas aquí quisieran duplicar sus ingresos en los próximos uno o dos años?», casi todos los presentes levantan la mano o gritan que les gustaría hacerlo.

Cada vez que formulas una pregunta y luego haces una pausa de unos segundos para permitir que las personas la procesen, estás tomando el control total de la audiencia. El hecho es que la persona que hace las preguntas controla la conversación y también a las personas que responden.

Incluso si no te responden en voz alta, no dejan de responder. A veces, demuestro este punto haciendo algunas preguntas comunes como: «¿De qué color es tu auto?».

Todos los presentes *piensan* automáticamente en la respuesta. Si pregunto: «¿Cuál es tu dirección?», la gente automática e instintivamente *piensa* en su dirección. La gente *no* puede evitar responder cuando le hacen preguntas.

## Comienza con una historia

Ensaya tu charla empezando con una historia. Algunas de las palabras más poderosas para captar la atención de la audiencia son: «Había una vez...».

Desde la niñez y la primera infancia, a la gente le encantan las historias de cualquier clase. Cuando comienzas con las palabras «había una vez...», le estás diciendo a la audiencia que se avecina una historia. De inmediato, las personas se acomodan, se quedan en silencio y se ladean como si se tratara de unos niños alrededor de una hoguera. Cuando dirijo seminarios de un día entero y quiero llevar a la gente a que vuelva a tomar su asiento después de un descanso, digo en voz alta: «Había una vez un hombre, aquí mismo en esta ciudad...».

Tan pronto como digo esas palabras, la gente se apresura a volver a su asiento y se dispone a escuchar atentamente el resto de la historia.

## Construye un puente

Una de las partes más importantes al iniciar una presentación es construir un puente entre los miembros de la audiencia y tú. Empieza con algo que el público y tú tengan en común. Puede ser el hecho de que actualmente trabajas o ya has trabajado en su industria. Es posible que tengas hijos, tal como ellos los tienen. Puede ser que estés muy familiarizado con su ciudad o que seas un seguidor del equipo de fútbol o baloncesto de esa localidad. Incluso podrías tener una inquietud o un problema similar a las preocupaciones y conflictos que tienen los miembros de la audiencia, bien sea en su vida personal o en su trabajo.

Cuando te tomas unos minutos para construir un puente de puntos en común entre los miembros de la audiencia y tú, de inmediato, los pones de tu lado. Te ven como «uno de ellos». Se vuelven más receptivos a tus palabras y comentarios; más indulgentes con cualquier error que cometas. Además, sienten que estás bien informado y que eres más accesible debido a las cosas que hay en común entre todos.

### Cuéntales sobre ti

Muy a menudo, doy inicio a mi presentación ante una empresa de ventas o un grupo empresarial diciendo: «Empecé a trabajar sin haberme graduado de la escuela secundaria. Mi familia no tenía dinero. Todo lo que he logrado en la vida tuve que hacerlo solo o con muy poca ayuda por parte de alguien».

Es sorprendente cuánta gente se me acerca después de una charla que comencé con esas palabras y me cuenta cuál fue su experiencia al respecto. Muchos me dicen que de inmediato se identificaron conmigo, porque ellos también empezaron con malas notas en la escuela y con fondos familiares limitados, como lo hace la mayoría de la gente. Como resultado, permanecieron receptivos al resto de mi presentación, incluso en seminarios de un día completo, y sintieron que todo lo que yo decía era más válido y auténtico que si lo hubiera dicho una persona que empezó con una experiencia de vida exitosa. Construir un puente como este es muy útil para atraer a la audiencia a estar de tu lado.

## Resumen

La capacidad para empezar a hablar con convicción y poder frente a cualquier audiencia es una habilidad que se aprende. Saber estructurar una introducción y saber subir al escenario hace que tu discurso triunfe o fracase. Al encontrar maneras para iniciar tu charla con mayor calidez, amabilidad o impacto lograrás tener a la audiencia en la palma de tu mano a los treinta segundos de haber empezado a hablar. Ese debe ser tu objetivo.

CAPÍTULO 5

# Lidera las reuniones con grupos pequeños

*El hombre eficaz siempre declara al comienzo de cada reunión cuál es el propósito específico y la contribución que pretende hacer. Siempre, al final de sus reuniones, vuelve a lo que dijo al inicio de su discurso y relaciona las conclusiones finales con su intención original.*

—PETER DRUCKER

La capacidad de hablar con seguridad y persuasión en reuniones de grupos pequeños es una de las habilidades más importantes que puedes desarrollar en tu vida profesional. Ya sea que participes en debates de equipo o en conversaciones individuales, tienes la oportunidad de influir en las percepciones de tus colegas o empleados, compartir ideas que demuestren tus conocimientos y ayudar a influir en las decisiones. Cada vez que hablas en público, incluso en grupos pequeños, es una oportunidad para practicar cómo organizar tus pensamientos y expresarte con claridad. Cada palabra, gesto y contribución que haces influye en la opinión que los demás tienen de ti y el valor que puedes ofrecerles.

Como líder, debes planificar tu reunión, determinar el propósito de la misma y tener un orden del día que defina tus puntos clave. De este modo, la reunión será más eficaz y atractiva, ya que todos los asistentes conocerán el plan y podrán participar. Como participante en la reunión, debes averiguar el propósito de la misma con antelación a fin de poder presentarte y estar preparado para contribuir.

Para tener éxito en las reuniones de grupos pequeños hay que presentarse, estar preparado, participar de forma significativa y contribuir de forma persuasiva. Un solo comentario perspicaz puede posicionarte como un colaborador clave, demostrando que te importa la reunión y la gente con la que trabajas. Por otro lado, el silencio o la falta de preparación pueden demostrar desinterés o incompetencia y enviar el mensaje de que no te importa. Tanto si diriges una reunión como si asistes a ella, tu forma de abordar estas interacciones puede influir significativamente en tu trayectoria profesional.

En este capítulo exploraremos las estrategias y habilidades necesarias para dominar las reuniones de grupos pequeños. Obtendrás orientación práctica sobre la preparación, la comunicación eficaz y el arte de la persuasión. Por último, hablaremos de la importancia de las señales no verbales, los asientos estratégicos y el fomento del compromiso positivo para conectar con los demás y dejar una impresión duradera.

**—CHRISTINA**

Tu capacidad para hablar bien y de manera persuasiva en reuniones pequeñas suele tener un impacto extraordinario en tu vida y tu carrera. En los negocios, otros te valoran y evalúan continuamente. Tanto a nivel consciente como subconsciente, quienes te oyen están mejorando o degradando sus opiniones sobre tu personalidad, capacidad, competencia y nivel de confianza. Por este motivo, debes pensar que tus reuniones de negocios son eventos importantes que constituyen una parte fundamental de tu carrera. No puedes darte el lujo de permitir que un encuentro con dos o más personas fluya de manera improvisada, sobre todo cuando el 50 % de tu tiempo estás en distintas clases de reuniones y la mayoría de la gente siente que el 50 % del tiempo de tu participación fue una pérdida debido a mala planificación y organización de tu parte.

Peter Drucker escribió: «La reunión es una herramienta esencial en la vida de todo ejecutivo». Un ejecutivo se define como toda persona responsable de obtener resultados. Según esta definición, casi todo el mundo es un ejecutivo de algún tipo, incluido tú.

## Las reuniones con grupos pequeños son importantes

Muchas de tus presentaciones y charlas serán con grupos más pequeños. A veces, tan solo con una o dos o pocas personas. Estas reuniones, al igual que una presentación frente a una enorme audiencia, deben ser preparadas y planificadas con cuidado. Según la manera en que te desempeñes en ellas, harás crecer o fracasar tu carrera.

Hace algunos años, me encontraba realizando un ejercicio de planificación estratégica frente a un grupo de ejecutivos de una gran empresa. Los trajeron de todas partes del país y de sucursales lejanas. Durante la reunión, varios de los ejecutivos de la oficina central estaban claramente distanciados y actuaban sin importarles cómo se desarrollaba la sesión de planificación estratégica. En cambio, había dos jóvenes ejecutivos de sucursales lejanas que estaban participando minuciosamente y muy activos en cada pregunta planteada durante la capacitación.

En uno de los descansos, yo estaba dándole un informe al presidente de la empresa sobre el avance de la reunión. Él me dijo: «¿Te diste cuenta de lo importantes que han sido las contribuciones de esos dos chicos que han participado tan activamente en la reunión?». Era claro para todos los presentes que estos dos ejecutivos estaban más preparados e involucrados que cualquiera de los que formaban parte de la audiencia. Obviamente, él estaba impactado.

Un mes después, se publicó un anuncio en la sección de negocios del periódico local, informando que ambos ejecutivos habían sido ascendidos a vicepresidentes. Algunos años después, uno de ellos se convirtió en el presidente de una empresa de mil millones de dólares. Sus aportes en aquella reunión, siendo todavía un joven directivo, fueron tenidos en cuenta entre los altos ejecutivos que estaban presentes, así que su participación ese día repercutió a lo largo de su carrera.

Unos meses después, la empresa también anunció las «jubilaciones anticipadas» de los altos directivos de la sucursal principal que se sentaron allí en silencio y no le aportaron nada a la reunión. Sus carreras en esa empresa habían terminado.

### Prepárate a fondo

El punto de partida para la eficacia de una reunión es una preparación minuciosa. Esta suele ser obvia al instante para los asistentes, como lo es también la falta de ella.

Si eres tú quien diriges la reunión, planifícala. Prepara una agenda. Selecciona las personas a las que vas a invitar e infórmales acerca de cuáles se esperan que sean sus contribuciones durante su presentación. Organiza la reunión como si fuera una parte importante de tu vida empresarial, porque lo es.

Si vas a ser el orador, planifica tu participación. Identifica con claridad cuál es el propósito de la reunión y luego asegúrate de tener algo que aportar a ella. Muchas personas que asisten a reuniones de negocios se mantienen en silencio y prefieren escuchar. Desafortunadamente, es de presumir que, quienes no dicen nada, no tienen nada que aportar. Ese no es el tipo de mensaje que uno desea transmitir.

### Dale importancia al lugar donde te sientes

Llega temprano a la reunión para que puedas elegir bien tu asiento. Si es tu reunión, siéntate de espaldas a la pared y de cara a la entrada, de tal modo que tengas control visual del salón y puedas ver quienes entran y salen. Cuando yo organizo las reuniones, en especial si son de una gran trascendencia, designo específicamente el puesto en donde cada persona se va a sentar. Esto me garantiza que voy a tener a las personas más importantes sentadas en los lugares más relevantes.

Si la reunión la organiza otra persona, selecciona un lugar donde quedes frente a quien la lidere. Si no estás seguro de qué lugar ocupar, pregúntale al organizador dónde le gustaría que te sentaras. Aun así, conserva algo de control y úsalo a tu favor. No tengas miedo de preguntar si puedes sentarte en un lugar en particular que quieras ocupar por algún motivo en especial o si puedes cambiar de asiento con alguien, a donde crees que tienes un mayor contacto visual con la persona clave de la reunión. Esto es esencial para hacer que tu contribución sea más valiosa y para lograr ser más persuasivo a lo largo de tu presentación.

### Sé puntual

Empieza a tiempo. Asume que el que llega tarde ya no llegó y comienza tu presentación. Agradéceles a los asistentes por venir y explícales cuál es el motivo de la reunión, cuál será el programa a seguir, cómo se realizará y cuánto tiempo te tomará, de modo que la gente sepa en qué momento aproximado terminarás.

## Tipos de reuniones

Hay cuatro tipos de reuniones de negocios. Estas incluyen:

1. *Resolución de problemas*. El objetivo de la reunión es analizar un problema y acordar una solución.

2. *Intercambio de información.* El propósito es compartir nueva información, hacer anuncios y asegurarse de que todos los interesados estén informados de los cambios y asignaciones.
3. *Anuncios de nuevos productos.* Consiste en familiarizar a todos los participantes con nuevos productos y servicios que la empresa ofrece o piensa ofrecer.
4. *Formación de equipos.* El propósito de la reunión es acercar a la gente y conformar grupos que se reúnan para hablar sobre lo que se está haciendo y el progreso que se está alcanzando. Las reuniones de formación de equipos son una herramienta poderosa para desarrollar el espíritu corporativo tan esencial para una empresa.

## El líder de la reunión

Si diriges la reunión, debes estar completamente preparado con folletos para informar e ilustrar a los participantes acerca de los puntos que deseas cubrir. Si estás usando PowerPoint o gráficos, prepárate y practica la forma en que vas a usar estas ayudas. Asegúrate de tener todo lo que necesitas para realizar la reunión sin problemas y a un óptimo nivel profesional.

Además, al preparar la agenda de tu reunión, comienza primero que todo con los aspectos más importantes a tratar. Esto garantiza que, si se acaba el tiempo debido a que a veces las discusiones se extienden, habrás cubierto el 20 % de los puntos que representan el 80 % del motivo principal de la reunión.

## El participante activo

Si participas en una reunión, procura hacer una pregunta, una afirmación o tomar una posición definida dentro de los primeros cinco minutos. Las personas que hablan en los primeros cinco minutos asumen un papel más dominante y significativo en la reunión a los ojos de otros participantes. A menudo, quienes no hablan sino hasta mucho después de haber comenzado la reunión, terminan siendo ignorados o no se les da importancia en particular.

El objetivo de cualquier reunión, ya sea en un grupo grande o pequeño, es tomar algún tipo de acción. A medida que se discuta cada tema, alguien más o tú deberá preguntar o insistir en los acuerdos a los que se llegue y la acción o las acciones que van a implementarse como resultado de dichos acuerdos.

## La función de los voluntarios

Una forma de ser un participante activo es ofrecerse de manera voluntaria a hacer lo que sea necesario. En cada organización y en cada equipo, el 20 % de la gente hace el 80 % del trabajo. Los participantes que solicitan actuar y hacer voluntariado continuo para asumir más responsabilidades que los demás son vistos por todos como los miembros más importantes y significativos del equipo.

Cuando se haya discutido un tema, pregunta: «¿Cuál va a ser nuestro plan de acción al respecto? ¿Qué vamos a hacer a continuación?». Levanta tu mano y ofrécete como voluntario para aceptar la responsabilidad de actuar en consecuencia. Cuanto más te ofrezcas como voluntario, más valioso serás para las personas más importantes de la reunión.

## Prepárate

Cuando se espere que contribuyas con información específica en una reunión, utiliza la fórmula PREP. Comienza afirmando tu *punto de vista (P)*, da tus *razones (R)* para pensar de esa forma, continúa con un *ejemplo (E)* de por qué crees que tu razonamiento es correcto y luego reformula tu *punto de vista (P)*, completando así tu contribución. Esta es una forma bastante eficaz de impactar a los organizadores de reuniones y a los participantes en ellas que tengan el mismo nivel de preparación que tú.

## Persuade a los demás

La clave del éxito en una reunión es que seas persuasivo. Esto te permite ejercer cierta influencia en el direccionamiento de la discusión y en las decisiones y conclusiones finales.

Para ser persuasivo en una reunión es crucial agradarles a los participantes de la misma. Así que, si quieres lograr este propósito, procura ser simpático. La gente debe querer apoyarte voluntariamente y aprobar tus ideas y posiciones. La clave para aumentar tu influencia y persuadir a otros para que te apoyen y estén de acuerdo contigo es simple: *haz que los demás se sientan importantes.*

Hay seis cosas («las seis A») que necesitas practicar para lograr que otros se sientan valiosos en una reunión o en cualquier otro evento social o situación de negocios. Las seis son imprescindibles si quieres hablar para ganar.

1. *Aceptación.* Una de las necesidades humanas más profundas es la de ser incondicionalmente aceptado por los demás. Le expresas tu aceptación a los demás mirándolos directo y sonriendo, tanto cuando llegan a la reunión como cuando dicen algo que contribuya al desarrollo del tema en cuestión. Esto hace que cada individuo se sienta valioso e importante, aumenta su autoestima y mejora su autoimagen. Además, hace que la persona, a nivel subconsciente, quiera apoyarte en lo que sugieras o digas.
2. *Aprecio.* Cada vez que les expresas agradecimiento a otras personas por cualquier aporte positivo que hayan hecho o dicho, aumentas su autoestima y su simpatía hacia ti. La manera más fácil de expresar agradecimiento es,

simplemente, dando las gracias por todo hecho o comentario que cada persona haga o diga y sea útil o constructivo. Agradéceles por llegar a tiempo, por aportar un dato, por hacer un comentario que te ayude o te permita corregirte y mejorar.

Siempre que le agradeces algo a alguien, animas a esa persona a que repita ese comportamiento y haga contribuciones aún más valiosas. Además, se siente más valiosa, respetada e importante. Las palabras de *agradecimiento* son buenas para generar simpatía y garantizar que los demás cooperen contigo y apoyen tus puntos de vista y tus propuestas.

3. *Admiración*. Abraham Lincoln afirmó: «A todo el mundo le agrada recibir cumplidos». Cuando felicitas a las personas por algo de valor que hacen o dicen, o por sus posesiones, es lógico que se sientan más valiosas e importantes. Como resultado, simpatizarán más contigo.

   Busca formas de felicitar a la gente siempre. A lo mejor, puedes expresarles tu admiración por su maletín, bolso o bolígrafo. Quizá, te agrade alguna prenda que forme parte de su vestimenta o apariencia. Si un compañero de trabajo presenta un dato importante, felicítalo por su excelente aporte. Incluso el hecho de mirar a una persona, sonreírle y asentir de manera elogiosa puede hacer que se sienta más valiosa e importante, le agrades más y quiera apoyarte cuando seas tú quién propongas algo más adelante en el camino.

4. *Aprobación*. Es posible que hayas escuchado decir que «los bebés lloran para que los tengan en cuenta y los adultos mueren por eso mismo». Los seres humanos necesitamos

la aprobación de los demás, especialmente la de personas a quienes admiramos y respetamos. Cada vez que hacemos un elogio y le damos nuestra aprobación de cualquier tipo a otra persona, sea cual sea el motivo, elevamos su autoestima, mejoramos su autoimagen y hacemos que se sienta más a gusto consigo misma y con nosotros.

La clave para brindar nuestra aprobación consiste en hacerlo de inmediato y de manera específica. Cuando alguien aporta algo de valor o presenta información útil para el grupo, elogia a esa persona por su valioso aporte, diciéndole algo como: «Este es un muy buen aporte». Sé específico. Expresa, por ejemplo: «Estas cifras son impresionantes. Tu reporte es genial». Cuanto más elogies y apruebes el trabajo y las contribuciones de otras personas, más y mejores contribuciones harán ellas, más les agradarás y más apoyarán tus ideas y puntos de vista.

5. *Atención.* Las personas siempre les prestan atención a la gente y a las cosas que más valoran. Como dice el refrán, la vida es un camino a seguir en el que se requiere de mucha atención. Siempre que le prestas mucha atención a otra persona, ella se siente más valiosa e importante. La clave para prestar atención es escuchar atentamente cuando otra persona habla y no interrumpirla. Mira a tu interlocutor directamente y espera que pronuncie cada palabra. Asiente, sonríele y manifiéstale que lo que está diciendo es importante y revelador.

   Cuando otros sienten que son escuchados atentamente, su autoestima sube. Su cerebro libera endorfinas y se sienten más felices y más positivos acerca de sí mismos y de su trabajo. Te asocian con ese grato sentimiento y tu influencia sobre ellos aumenta en gran manera.

6. *Acuerdo.* La última A que necesitarás poner en práctica en cualquier reunión, independientemente del número de personas que asistan, es la que te indica que establezcas un acuerdo con ellas. Procura concordar con los demás aunque no estés de acuerdo con la opinión o punto de vista de alguien en particular.

Cuando una persona dice algo o señala algo sobre lo cual no estás de acuerdo, en lugar de desafiarla (lo que la pone a la defensiva y la hace enojar), procura decir algo como: «Ese es un punto de vista interesante. No lo había pensado antes. Sí, choca un poco con el mío, pero me gustaría entenderlo mejor».

Si no estás de acuerdo, utiliza lo que se llama el «desacuerdo de terceros». En lugar de decir: «No estoy de acuerdo contigo», procura indicar: «Ese es un punto interesante. ¿Cómo responderías a las preguntas que otra persona podría hacerte desafiando tu posición, al decir tal o cual cosa?».

En otras palabras, presenta tu desacuerdo como si proviniera de la boca de un tercero inexistente. Pídele a la persona que defienda su punto de vista frente a otra persona que no está presente. Esto quita la presión del hablante y le permite defender su punto de vista sin tener que sentirse a la defensiva o bajo ataque de nadie en la reunión.

## Evita las críticas y la negatividad

Si diriges una reunión, tienes un poder tremendo a lo largo de ella. Los presentes te admiran y te respetan como líder. Todo lo que tú digas se magnifica y multiplica, ya sea de forma positiva o negativa.

Cuando otros individuos contribuyan a la reunión, asiente, sonríeles y apóyalos. Cuando una persona habla, ella es el foco de atención. Cualquier comentario que haga otra al respecto, en especial una persona mayor que quien habla, la pone bajo el foco de atención. Podría hacerla sentir valiosa e importante o vulnerable y a la defensiva. Por eso es crucial que tengas cuidado con todo lo que digas.

Incluso una pequeña crítica, arquear una ceja, una expresión de descontento o una mirada áspera dirigida a un invitado a la reunión es percibida por los demás y hace que esa persona se sienta disminuida e insegura. Es entonces cuando es crucial utilizar tu posición como líder con mucha prudencia, cuidando la autoestima y el respeto de todos, sin importar cómo te sientas acerca de sus ideas y comentarios.

Si no estás contento con algo que otra persona hace o dice, mantén la calma y una actitud positiva frente a los demás, toma la iniciativa y resuelve la situación, haciendo los arreglos necesarios para reunirte con esa persona en privado. La regla es elogiar en público y solucionar los desacuerdos en privado.

## Evita las barreras de la comunicación

Cuando te sientas frente a una persona —en una mesa o un escritorio, por ejemplo—, los muebles pueden actuar como una barrera física y sicológica para lograr una buena comunicación. Estos podrían sugerir a nivel subconsciente que la otra persona y tú están en lados opuestos y que sus puntos de vista son antagónicos.

Por lo tanto, para resolver este dilema, una de las mejores estrategias es pedirle a tu interlocutor que te permita sentarte a su lado. Cuando te sientas al lado de una persona y no frente a ella, las barreras sicológicas invisibles parecen caer y te comunicas con mayor calidez y amabilidad. No tengas miedo de dejar en claro que preferirías no sentarte frente a tu interlocutor, sino a su lado, de tal modo que esa persona y tú tengan acceso a un contacto visual directo.

En todos mis años, nadie se ha resistido a esta solicitud ni la ha rechazado. Más bien, la mayoría de las veces, la gente se siente feliz de que yo haya mencionado el asunto.

## Resumen

La marca del profesional en todos los campos es la preparación. Mientras más a fondo te prepares para una reunión de cualquier tipo, incluso con una sola persona, más efectivo parecerás y mejores resultados obtendrás.

El poder siempre está del lado de la persona que se haya preparado más a fondo. El individuo que entra a una reunión sin preparación ha disminuido su poder de convicción y hay ocasiones en que hasta se queda sin la posibilidad de ejercer alguna clase de autoridad.

Tu trabajo siempre es hablar para ganar. Tu objetivo es ser visto como un actor importante en cada conversación. Es persuadir a otros para que concuerden con tu punto de vista y generar impacto en tu mundo. Esto lo logras preparándote minuciosamente para cada reunión que organices o en la cual participes. Tendrás éxito si utilizas todas las técnicas que hacen que los demás se sientan importantes.

CAPÍTULO 6

# Maneja presentaciones y acuerdos con grupos pequeños

*El mayor bien que puedes hacerle a otra persona no solo es compartirle tus riquezas, sino revelarle a ella las suyas.*

—BENJAMIN DISRAELI

En el anterior capítulo consideramos la importancia de hablar, estar preparado y participar en las reuniones. En este capítulo hablaremos sobre dominar las presentaciones a grupos pequeños y la importancia de desarrollar habilidades de negociación.

Las presentaciones a los grupos pequeños son diferentes de las presentaciones a los grupos grandes, ya que puedes prestarles una atención más individualizada a los participantes y facilitar un debate significativo entre el grupo. El éxito de una presentación a grupos pequeños depende de tu preparación, tu capacidad para atraer a la audiencia y tu habilidad para facilitar una conversación respetuosa.

Con el fin de prepararte debes conocer a tu audiencia y saber qué quiere y necesita. A continuación, define los objetivos de tu presentación y diséñala teniendo eso en cuenta. La presentación debe ser interactiva y atractiva. Yo siempre incluyo un cuaderno de trabajo en mis presentaciones a los grupos pequeños con ejercicios escritos para que el público pueda aplicar activamente las ideas.

La presentación debe tratarse como una conversación y no como un monólogo unidireccional. Anima al público a participar con preguntas y facilita el debate. Asegúrate de que fomentas la colaboración y alientas la comunicación respetuosa y la participación de todos. Recuerda que cada presentación es una oportunidad para mostrar tu experiencia y fortalecer tus relaciones profesionales. Debes asegurarte de que tus presentaciones a los grupos pequeños tengan eco entre el público, sean atractivas, generen confianza e impulsen acciones significativas.

Una negociación es como una presentación a un grupo pequeño, pero requiere una preparación diferente. Con el objetivo de preparar una negociación hay que conocer las prioridades y preocupaciones de todas las partes, de modo que se puedan anticipar las objeciones y elaborar respuestas empáticas y lógicas. Tu papel consiste más en facilitar la conversación que en presentar una idea, lo que en última instancia desembocará en un acuerdo. En este capítulo aprenderás a crear un entorno de confianza y respeto para que puedas facilitar la colaboración en tus grupos pequeños y tener éxito en tus negociaciones.

**—CHRISTINA**

La mayoría de las oportunidades para ganar puntos a favor hablando en público surgen en las pequeñas reuniones de negocios. Como dije en el capítulo 5, es importante saber cómo liderar y participar en las reuniones de manera efectiva. Pero en estas reuniones a menudo estarás llamado a hacer una presentación sobre tus puntos de vista, productos o políticas en un intento por persuadir a otros a concordar contigo y respaldar un curso de acción determinado.

De modo que, si las reuniones de negocios son una herramienta esencial para el ejecutivo, las presentaciones realizadas en esas reuniones suelen ser aún más importantes. Muchos conferencistas han cambiado por completo el rumbo de sus carreras y de sus empresas haciendo una presentación eficaz frente a un pequeño grupo de personas con poder de decisión. Tú también puedes hacer lo mismo.

## Las presentaciones en grupos pequeños pueden catapultar o acabar tu carrera

Cada vez que hagas una presentación ante un grupo pequeño, imagina que tu futuro y tu carrera bien podrían estar en juego. Imagina que esta reunión se está grabando en video para mostrársela a miles de personas. Supón que hay una cámara oculta que está grabando exclusivamente tu presentación y la está transmitiendo por todo el país.

En otras palabras, tómate la presentación en serio. Cuanto más serio la tomes, más te responderá el público.

Como en todas las reuniones de cualquier tamaño, la preparación es la clave del éxito. Representa el 90 % de los buenos resultados que obtengas o de tu fracaso. Como me dijo una vez un destacado abogado: «No creo que exista la palabra "*superprepararse*"».

## Comienza pensando en el final

Define cuáles serán los objetivos de tu presentación. Idealízala y pregúntate: «Si esta reunión fuera perfecta, ¿cuál sería el resultado?».

Piensa sobre el papel. Escribe cuáles serán las mejores cosas que podrían suceder si tu presentación fuera cien por ciento efectiva y lograras todos los objetivos que tienes en mente. Cuanta mayor claridad tengas con respecto al resultado perfecto, más fácil será preparar tu presentación y más probable será que logres esos objetivos.

## Recuerda que todo es una negociación

Cuando haces una presentación frente a un grupo pequeño, en un intento por persuadir a otros para que te apoyen, estás participando en una forma de negociación. Cada persona llegará con sus propias ideas y todos sus deseos. Tu objetivo es acercar al grupo a tu punto de vista y convencerlo de que apoye tus recomendaciones. Esto significa que tendrás que cambiar gradualmente su opinión y, en algunos casos, cambiarla por completo.

## Piensa como un abogado

Utiliza el «método del abogado» para preparar tu presentación. Los abogados saben que es crucial estudiar y preparar el caso desde la perspectiva del oponente incluso desde antes que preparen el suyo. Para ello, enfócate y anota todo lo que creas que van a estar pensando quienes estarán en la reunión. Apunta qué será aquello que los presentes querrán o pensarán lograr. Si puedes ser específico, anota también sus posibles objeciones y resistencias.

## Identifica la diferencia entre deseo y miedo

Cuando trabajo con un grupo de ejecutivos de una gran empresa con la cual hago negocios una o dos veces al año, comienzo escribiendo las cosas que sé con respecto a sus preocupaciones y cuáles son los motivos de su escepticismo o vacilación. Sobre todo, sé que se resisten al cambio. Esto es bastante común cuando estás haciendo una presentación. La gente tiene una tendencia a entrar en su zona de confort y luego se resiste a cualquier intento o sugerencia para sacarla de su comodidad.

Las dos motivaciones principales para comprar —o para tomar casi cualquier otra decisión de cambio— son el miedo y el deseo. La gente teme perder tiempo, dinero, prestigio, ventaja o cualquier otra cosa que implique detrimento. Por otra parte, la gente desea tener más tiempo, dinero, participación del mercado, oportunidades, etc.

Los sicólogos afirman que el poder motivador generado por el miedo produce dos veces y media más resultados que el que motiva el deseo. Esto significa que destacar lo que los participantes podrían perder al no aceptar tus ideas es dos veces y media más persuasivo que enfatizar lo que podrían ganar. Sin embargo, en muchos casos el beneficio principal que tienes que ofrecer es que los participantes se beneficiarán de tus ideas. La razón primordial para que una persona se decida a hacer algo gira en torno a la palabra *mejorar*. Es decir, la gente actúa porque cree que estará mejor como resultado de actuar que si no procede ni hace nada que genere un cambio positivo en su vida y sus negocios.

Así que, incluso cuando apeles al miedo —al rechazo, a la crítica, a una pérdida, a la vergüenza, a la desaprobación, al ridículo, etc.—, estás sugiriendo que la situación de quienes te escuchan mejorará en relación a estos miedos si siguen tus recomendaciones y consejos.

## Comprende a los participantes de la reunión

Cuando haces una presentación ante un grupo de personas, siempre tratas con personalidades bastante diferentes. Esto significa que cada persona tendrá diversos miedos y deseos en distintos grados de intensidad. Por eso, cuanto más conocimiento tengas sobre lo que la gente quiere lograr y lo que teme experimentar, más fácil te resultará adaptar sus comentarios y entender sus preocupaciones.

Yo sé que el grupo de ejecutivos de la empresa que mencioné antes tiene una fuerte resistencia al cambio, pero también tiene un enorme deseo de aumentar sus ventas y ganancias. Por eso, siempre me concentro en presentar argumentos sólidos para aumentar las ventas y la rentabilidad. Luego, para disipar sus temores por las pérdidas, les propongo una prueba de mi idea a bajo costo, o sin costo alguno, para así ver si mi propuesta les generará los ingresos y beneficios que sugiero.

A lo largo de los años, he descubierto que la gente suele ser bastante receptiva a una prueba limitada con riesgo restringido sobre una nueva idea. Por otro lado, suele sentirse extremadamente tensa ante el riesgo de invertir una gran cantidad de dinero para intentar una idea no probada.

## Identifica los miedos más comunes

La mayoría de los adultos temen ser manipulados o que se aprovechen de ellos. Tienen miedo de ser estafados y que los convenzan de hacer algo contrario a sus intereses tanto a corto como a largo plazo; temen que les vendan un producto, servicio o idea que no necesitan, no pueden usar ni pueden permitirse el lujo de tener; también temen terminar en peor situación que en la que estaban, todo por haber aceptado una recomendación.

La gente tiene estos miedos porque desde la niñez ha sido manipulada a hacer o no hacer cosas que no han salido bien y, como resultado, diversas personas se han aprovechado. La consecuencia es una respuesta casi pavloviana para cualquiera que intente persuadirlos de que hagan algo. Muchos son naturalmente escépticos y desconfiados. Cada vez que alguien se aprovecha de una persona y ella siente que ha salido perjudicada, se dice a sí misma a nivel consciente e inconsciente: «Esto no me volverá a pasar». De modo que considera esto al hacer una presentación en grupos pequeños.

### Baja la resistencia de tus oyentes

Cada vez que haces una presentación sobre una nueva idea, un producto o servicio, estos miedos se desencadenan en la mente y el corazón de tus oyentes, haciéndolos naturalmente resistentes y escépticos a tus propuestas. Por consiguiente, a medida que hablas, tu trabajo es hacer todo lo posible para disminuir esa resistencia y eliminar ese escepticismo.

Utiliza el método socrático de presentación: cuando quieras presentarle un nuevo tema a un individuo o grupo, comienza siempre refiriéndote a los hechos con los que todos los presentes estén de acuerdo y en torno a los cuales no haya controversia. Es fundamental que los aproveches como introducción a nuevos conceptos con los que quizá la gente no vaya a estar muy de acuerdo.

## Negociar grandes acuerdos

Cuando he negociado grandes contratos con grupos de personas, suelo estar en un lado de la mesa y entre seis y diez ejecutivos o abogados al otro lado, así que siempre implemento una estrategia que ha demostrado ser exitosa una y otra vez.

Comenzamos con un contrato o acuerdo a seguir de treinta, cuarenta e incluso cincuenta páginas. Yo habré revisado en detalle y con antelación cada cláusula y tendré bastante claro cuáles son las más importantes para mí y cuáles para la otra parte. Luego, revisamos el acuerdo completo, párrafo por párrafo y línea por línea, analizándolo y buscando estar de acuerdo o manifestando posibles desacuerdos en cada punto a medida que avanzamos en la lectura.

El ochenta por ciento de las distintas cláusulas y puntos específicos de los contratos es repetitivo y no controvertible. Sin embargo, lo detallamos todo, desde la primera hasta la última página, buscando concordar en todo aquello en lo que nos sea posible. Ya cuando llegamos a alguna parte del contrato en la que no estamos de acuerdo, propongo hacer un breve análisis sobre ese punto, dándole así lugar a la contraparte para que exprese sus ideas y sentimientos. Luego, si veo que no estamos logrando un convenio, propongo: «¿Por qué no dejamos pendiente este punto y lo retomamos más adelante?». De ese modo, pasamos al siguiente punto y continuamos avanzando sin necesidad de interrumpir el flujo de la reunión.

Una vez hayamos revisado todo el contrato y estemos de acuerdo en la mayoría de las cláusulas, volvemos a los puntos más controvertidos y abordamos cada uno de ellos lo más a fondo posible. Si alguno es un punto que genera fricción particularmente emocional, una vez más, sugiero que lo dejemos para más adelante, antes de finalizar la reunión.

La segunda vez que revisamos el contrato, resolvemos el 80 % del 20 % de los puntos sin resolver, lo que significa que nos queda por discutir alrededor del 4 % del acuerdo total.

En ese momento, ya hemos llegado a un convenio de hasta el 96 % de las cláusulas del contrato, de manera que todos estamos optimistas con respecto a los resultados y experimentamos una sensación de progreso. Esto significa que ya estamos listos para volver a analizar en profundidad, con menos emoción y más apertura los asuntos no resueltos del contrato.

### La ley de los cuatro

En cada negociación existe la «Ley de los cuatro». Esta dice que hay solo cuatro aspectos principales que deben debatirse y resolverse en el transcurso de cualquier negociación. También dice que las partes que intervienen en ella deben tener un orden diferente de valor y prioridad en estos cuatro aspectos, de modo que se produzca un acuerdo.

Por ejemplo, si una de las partes está preocupada por el precio y la otra por la calidad del producto o por el cumplimiento en la entrega, entonces una buena negociación deberá llegar a una conclusión satisfactoria en la que se acuerde un buen precio a cambio de un producto de calidad, cuya entrega sea confiable y congruente. Solo cuando ambas partes se muestran inflexibles sobre un mismo aspecto, como el precio, se producirá un punto muerto.

Antes de hacer una presentación grupal, tu prioridad es identificar cuáles son esos cuatro aspectos esenciales a los que eventualmente te enfrentarás en el transcurso de la negociación y luego determinar cómo puedes compensar o neutralizar las principales preocupaciones de la otra parte, de tal modo que tú también te sientas satisfecho en cuanto al logro de tus objetivos primordiales.

## Presentación versus negociación: los principios son los mismos

Cuando haces una presentación ante un grupo pequeño, el proceso puede no ser tan largo ni tan trascendental como una negociación en sesiones de dos o tres días seguidos, con enormes cantidades de dinero y egos en juego, pero los principios siguen siendo los mismos. También debes pensar en las principales preocupaciones de los participantes en la reunión e identificar los cuatro temas principales en los que tendrás que llegar a un acuerdo si quieres lograr el trato. Luego, diseña toda tu presentación de tal manera que logres ese objetivo al final de la discusión.

### Piensa sobre el papel

A la hora de realizar una presentación de negocios, debes pensar sobre el papel. Es decir, anotar todas las objeciones que una persona inteligente podría plantearte con tal de no aceptar tu propuesta ni tus recomendaciones. Después, escribe cuáles serían esas respuestas lógicas para afrontar cada una de las objeciones.

Luego, cuando surja una de esas inquietudes u objeciones, tu trabajo debe ser tratarla con gran respeto y dar la impresión de que piensas con cuidado cómo abordarla lo mejor posible. Manifiesta aceptación, acuerdo y reconocimiento a lo que te está diciendo la otra parte. Después, presenta esa respuesta que ya has estudiado minuciosamente, pero hazlo como si acabara de ocurrírsete en ese preciso instante.

### Muéstrate siempre sensato y conciliador

Cualquiera que sea la preocupación, resistencia u objeción en cuanto a tu idea, trátala siempre con amabilidad y cortesía. Nunca le eches gasolina al fuego. Cuanto más discreto y amigable seas cuando abordas las preocupaciones o los antagonismos de los presentes en una reunión, más receptivos estarán a aceptar tu propuesta. Recuerda lo que dice la canción: «Una cucharada de azúcar hace que la medicina sepa mejor».

Cuando hagas una presentación en un grupo pequeño, recuerda que esta no se trata de un dramático monólogo, sino de una conversación. Presenta cada punto, explícalo y resúmelo. Luego, invita a los presentes a hacer preguntas o comentarios al respecto.

### Involúcralos

Cuanto más puedas involucrar a los participantes a lo largo de la presentación a medida que avanzas, mejor percepción tendrás de lo que ellos están pensando y sintiendo. Además, mayor será la probabilidad de que estén de acuerdo contigo al final de tu presentación.

Hay una característica especial en la dinámica de grupo que debes tener en cuenta e incluir en tus presentaciones. Es esta: cada miembro del grupo debe sentir que lo estás tratando de la misma manera respetuosa en que tratas a cualquier otro.

### Solidaridad colectiva

Cuando tratas a un miembro del grupo con amabilidad y respeto, los presentes sienten que también los estás tratando igual y que cada uno forma parte de un todo. Por otro lado, si tratas a un miembro del grupo con irritación o impaciencia, los demás sentirán que los estás tratando de igual forma. Así que ten cuidado.

## Determina el orden jerárquico

Aunque debes tratar a todos por igual, cuando haces presentaciones en grupos pequeños es crucial estar muy alerta con respecto al «rango» de los miembros del colectivo. En muchos grupos, uno de los miembros es más importante que los demás. Su opinión, expresada verbalmente o no, tiene mayor peso que la de cualquier otra persona presente.

De arriba hacia abajo, hay un orden descendente de prioridad. Alguien es el primero en importancia; otro es el segundo; otro más es el tercero. De igual modo, hay algunas personas en cada reunión que parecen tener poca o ninguna influencia en el grupo.

Entonces, para que puedas hacer una presentación efectiva, debes tener claro quién entre los presentes ejerce más influencia y luego organizar tu presentación de tal manera que te dirijas continuamente a esa persona. En algunos casos, dicha persona dirá muy poco. En otros, dirá mucho.

## Diferentes manejos

Cuando estuve recientemente en el Golfo Pérsico, leí sobre las negociaciones técnicas y las estrategias de los pueblos del mundo árabe. Lo que aprendí fue que, en cualquier reunión, la persona que se sienta en silencio y quien menos dice es la más influyente de la reunión. En cambio, quien más habla y más preguntas hace es el mensajero, que es a menudo el menos influyente o trascendental en la operación. Si no hubiera sabido eso, mi atención se habría enfocado en la persona más participativa.

En las negociaciones occidentales, la persona más influyente puede decir mucho o poco. En cualquier caso, es importante que sepas quién es esa persona y que te dirijas a ella con frecuencia a través de tus comentarios. Luego, recorre con tu mirada el lugar, haciendo contacto visual también con las otras personas relevantes, una por una. Después, regresa tu mirada a esta persona especial y asegúrate de que esté siguiéndote y comprendiendo los puntos que estás planteando.

## Hablar es un acto de doble vía

Existe una relación directa entre la cantidad de participación en una conversación y la cantidad de compromiso con los acuerdos hechos a lo largo de la misma. Cuando hablas con miembros del personal de una empresa, por ejemplo, cuanto más los invites a hacer preguntas, a comentar y a mostrar acuerdo o desacuerdo, más aceptarán cualesquiera que sean las decisiones que se tomen.

Si las personas no comentan ni hacen preguntas, no se están comprometiendo. Simplemente, están escuchando. Por lo tanto, al no decir nada, están evitando participar en cualquier decisión que se tome y eludiendo cualquier responsabilidad en cuanto a la ejecución de las decisiones tomadas.

Alfred Sloan, uno de los fundadores de General Motors, solía convocar a un grupo de ejecutivos para discutir sobre los nuevos productos o las políticas de la empresa. Al final de la reunión, preguntaba: «¿Alguien tiene alguna pregunta o comentario sobre estas propuestas?». Si nadie decía algo o si todos estaban de acuerdo con las ideas presentadas, Sloan decía: «Es obvio que los aquí presentes no entienden la importancia de lo que estamos discutiendo. Si todos están de acuerdo, entonces, terminemos esta reunión y volvamos a convocarla. Para entonces, espero comentarios y desacuerdos por parte de todos y cada uno de los que se encuentran alrededor de esta mesa».

Lo que descubrió Sloan, y lo que muchos ejecutivos y presentadores observan, es que si nadie dice nada o si todos están de acuerdo, nadie está pensando mucho en la propuesta presentada.

Esto significa que solo empezarán a pensar más tarde y que estos pensamientos posteriores bien podrían sabotear todo el esfuerzo realizado hasta el momento.

## Asume una posición de poder

Al realizar una presentación ante un grupo pequeño, organiza el salón de reunión de tal modo que estés de espaldas a una pared y frente a la entrada. Con esta configuración, los asistentes pueden entrar y salir sin interrumpir el flujo de la reunión y tú podrás ver a cada uno de ellos.

La mejor configuración para una presentación en grupos pequeños es en forma de «U». Así, te paras y presentas desde el extremo abierto de la «U». Los participantes deberán sentarse alrededor del exterior de la «U», de manera que casi todos puedan verse entre sí, cara a cara, a través de las mesas.

Esta configuración es totalmente diferente a aquella en la que todos los asistentes se sientan frente a ti y al lado, adelante o detrás de los demás participantes. Así, hay poca o ninguna comunicación u oportunidad para compartir ideas, bien sea sonriendo, arqueando las cejas, encogiéndose de hombros, etc. Trata siempre de configurar el lugar de tal modo que todos puedan verse más entre sí y te vean también a ti.

Cuando dirijo una sesión de planificación estratégica, pongo a todos los ejecutivos en forma de «U» en el exterior de una mesa. De modo que, cuando menciono un punto o hago una pregunta, camino alrededor de la mesa, persona por persona, y la invito a responder o comentar. Este método ha sido extraordinariamente exitoso para mí a lo largo de los años. Le da a cada persona la oportunidad de expresar sus ideas o inquietudes y, al mismo tiempo, se les brinda a las demás la oportunidad de observar y escuchar al orador manifestando sus ideas. Cada vez que nos reunimos alrededor de una mesa logramos hacer un debate interesante y profundo que cubre los puntos a tratar.

## Determina cuál será la siguiente acción

Recuerda que el propósito de una presentación, bien sea frente a una audiencia grande o pequeña, es acordar una acción de algún tipo. A medida que la conversación evoluciona, es fundamental preguntar continuamente: «¿Qué medidas tomaremos con respecto a este punto? ¿Qué acciones debemos llevar a cabo frente a este tema? ¿Cuál será nuestra acción más inmediata? ¿Qué medidas tomaremos si estamos de acuerdo con esto?».

Cuando estás haciendo una presentación colectiva y propones una serie de acciones, es esencial obtener el acuerdo del grupo con respecto a quién será la persona responsable de llevar a cabo la acción correspondiente y cuándo se ejecutará. Hay muchas excelentes presentaciones que terminan con un acuerdo sobre un curso de acción y, sin embargo, no sucede nada. Esto siempre se debe a que no se le asignaron responsabilidades específicas a nadie ni hubo un plazo concreto para la realización de las acciones acordadas.

Aunque tengas que repetir o ser un poco exigente o asertivo, es esencial que tus audiencias lleguen a un acuerdo sobre quién va a hacer qué y cuándo. Ese es el objetivo más importante de tu presentación y de la reunión. Tu habilidad para dar seguimiento y asegurar que esas acciones ocurran es lo que le da planificación y valor a la presentación.

## Hazlo tanto visual como auditivo

En cualquier grupo de personas, alrededor del 70 % de los participantes tiene una orientación visual. El otro 30 % será auditivo. Lo que esto significa es que el 70 % de la audiencia, la visual, necesitará ver hechos, puntos e ilustraciones que les ayuden a comprender y procesar lo que estás diciendo. El otro 30 %, las personas auditivas, comprenderá y procesará la información mediante el simple hecho de escucharte.

Como resultado, es probable que el 70 % de tu audiencia te entienda solo si ilustras lo que estás diciendo. Escribe cuál será la agenda de tu presentación de tal modo que estas personas puedan seguirla. Podrías usar PowerPoint para ilustrar tus puntos clave, mencionándolos en la pantalla uno por uno a medida que expones los puntos de tu presentación.

También puedes utilizar una pizarra o un rotafolio para anotar los puntos clave o para ilustrar las ramificaciones y los resultados de tu exposición. Las personas con orientación visual se relajan y se reconfortan cuando pueden «ver» cómo se desarrolla tu presentación. Por el contrario, aunque a otras personas les agrada el material escrito o gráfico, les gusta más escuchar lo que tienes que decir y a menudo te harán preguntas sobre el significado específico de una frase o palabra en particular. Así que prepárate.

## Ilustra, cuenta y haz preguntas

Cuando comencé a hacer presentaciones en seminarios, decidí usar gráficas. Luego, opté por emplear una pizarra, y ahora utilizo un proyector o un dispositivo llamado ELMO. Este me permite anotar mis puntos clave y los proyectos en una pantalla que acomodo detrás de mí o a mi lado.

A medida que avanzo en mi exposición, hago dibujos, gráficas, selecciono figuras y otras ilustraciones que me permitan brindarle a la audiencia una representación visual de los puntos que estoy planteando. Cuando enfatizo una palabra o un concepto en particular, lo escribo claramente para que la gente pueda verlo.

Como resultado, las personas toman una gran cantidad de notas. Cuando escribes algo, de inmediato la gente siente que eso es importante y también lo escribe. Esto la mantiene activa e involucrada en tu presentación.

Si solo hablas sin aportar materiales escritos ni ilustraciones, hasta la mente más brillante olvidará entre el 80 % y el 90 % de lo que digas antes de que hayas terminado tu charla. Cuando hablas y escribes, captas tanto al auditorio *auditivo* como al auditorio *visual* y haces de tu presentación una experiencia interesante y agradable para todos los presentes.

## Las aclaraciones previenen los malentendidos

Cuando recibas una pregunta o un comentario de un participante en tu audiencia, a menos que esté perfectamente claro lo que la persona está preguntando o lo que quiere decir, debes hacer una de dos cosas. En primer lugar, antes de responder, reformula el comentario o la pregunta para que te quede claro en tu propia mente de lo que se trata. Puedes decir algo como: «¿Es eso lo que me estás preguntando?».

Una segunda forma de asegurarte de que estás respondiendo a la pregunta correcta es pidiéndole al participante que reformule su pregunta de tal manera que se entienda mejor. Ahora, siempre que haya alguna falta de claridad o ambigüedad de tu parte, pregunta: «Exactamente, ¿qué quieres decir?». Lo más tonto que puedes hacer es comenzar a responder a una pregunta o a un comentario que no entendiste bien.

## Resumen

Decide prepararte a fondo y dar lo mejor de ti en cada presentación hoy mismo. Recuerda que las personas que pueden influir en tu carrera están observándote y evaluando tu desempeño.

Cada vez que abras la boca frente a un grupo, bien sea para persuadir, aportar o manifestar que no estás de acuerdo, estás avanzando o retrocediendo. ¡Todo cuenta!

CAPÍTULO 7

# Dominio del escenario. Impacta a las grandes audiencias

*¡Sueña en grande! Así como sueñas, así serás. Tus perspectivas son la promesa de lo que algún día serás.*

—JAMES ALLEN

Este capítulo se enfoca en cómo dominar plataformas más grandes e inspirar a audiencias más numerosas. La mayor diferencia entre los grupos pequeños y los grandes es el tipo de interacción. En los grupos pequeños, la presentación se desarrolla más en forma de taller y la concurrencia participa en ella a través de preguntas y conversaciones que a menudo influyen en la dirección de la charla. Cuando te presentas ante un público numeroso, sueles dar una charla magistral y debes tomar el mando del escenario y convertirte en el conductor de la experiencia de todo el grupo o la audiencia.

Los grandes oradores dirigen a sus grandes audiencias. La mejor manera de hacerlo es empezar explicándole a tu audiencia lo que piensas decirles, luego exponerles tus puntos e ideas clave, y por último concluir detallando lo que les has compartido. Siempre hay que facilitarle a la audiencia, grande o pequeña, el seguimiento de lo que estás diciendo. Guía a tu audiencia con transiciones claras, y si haces un paréntesis para ofrecer una idea o un ejemplo espontáneos, indícales hacia dónde vas y cuándo vuelves a retomar el tema para que puedan seguir fácilmente el mensaje.

Para captar la atención del público hay que mostrarse animado y entusiasta. Como presentador, presta atención a la energía y el compromiso del público y utiliza tu propia energía para influir en la intensidad de la de ellos. Una forma de hacerlo es el llamado «método del limpiaparabrisas», en el que se involucra al hemisferio izquierdo con hechos y al derecho con historias. Esta combinación ayuda a la audiencia a conectarse emocionalmente, haciendo que la charla sea memorable y atractiva.

En última instancia, tu objetivo es guiar a ese público numeroso para que se conecte, se emocione y se interese por tu mensaje. Este capítulo te enseñará a desarrollar una conferencia magistral que capte, eduque y entretenga al público, y aprenderás técnicas para dominar cualquier plataforma e impresionar a cualquier audiencia.

**—CHRISTINA**

Cierta vez, un organizador de reuniones llamó a un orador profesional a fin de contratarlo para su próximo evento. La primera pregunta que el organizador le hizo fue: «¿Cuánto cobras?». El expositor le respondió: «Depende de la duración de la charla que quieres que dé y de la cantidad de tiempo que conlleve prepararla».

Entonces, el organizador le preguntó: «¿Cuánto cobrarías por una charla de treinta minutos y cuánto tiempo te llevaría prepararla?». El orador le respondió: «Para una charla de treinta minutos se necesitarían entre seis y ocho horas de preparación y la tarifa sería de 5.000 dólares».

El organizador se sorprendió y le preguntó: «¿Cuánto cobras entonces por una de medio día y cuánto tiempo te tomaría prepararla?». El orador respondió: «Para una charla de medio día se necesitarían aproximadamente tres o cuatro horas de preparación y costaría 4.000 dólares».

«¿Qué tal por una de un día completo? ¿Cuánto sería eso entonces?».

«Eso solo costaría 3.000 dólares».

«¿Cuánto tiempo necesitarías para prepararla?», preguntó el planificador. «¡Oh!», dijo el expositor, «si es una charla de un día completo, puedo empezar a darla ya mismo».

## Cuanto más corta sea la presentación, más tiempo toma prepararla

El punto que quiero ilustrar con la historia anterior es que, cuanto más corta sea una presentación, mayor será el nivel de preparación y precisión que necesitas para hacerla justo en el plazo asignado. Si cuentas con todo el día para hablar, tienes la opción de ocupar el tiempo con historias, ejemplos y varios puntos que giren en torno al tema a tratar. En cambio, si tienes solo veinte minutos, debes centrarte de manera deliberada solo en aquellos aspectos clave que son imprescindibles en tu mensaje.

Mi primera audiencia estuvo compuesta por siete personas. Sin embargo, con el paso de los años he hablado en vivo y en directo hasta con 25.000 personas a la vez. En una ocasión, me dirigí a 85.000 personas, de las cuales 2.000 se encontraban presentes en el mismo recinto conmigo y 83.000 estaban distribuidas en 600 lugares, conectadas vía satélite. El hecho es que la duración de mis charlas y seminarios oscila entre veinte minutos y tres o cuatro días.

Cada charla que he dado, ya sea una sola vez o repetidamente, ha requerido de preparación y práctica detallada para poder impartirla bien y con eficacia. A medida que crece el tamaño de tu audiencia, aumentan los requisitos y las exigencias hacia ti mismo como orador. Hablar ante grandes audiencias es muy diferente a hacerlo ante grupos más pequeños.

## Las ocho partes de una presentación magistral

Como describí en el capítulo 1, una presentación magistral consta de ocho partes y suele durar de veinte a sesenta minutos frente a un grupo grande. También puedes utilizar este modelo para planificar y organizar tus comentarios. Permíteme presentar estos puntos una vez más.

1. *La apertura.* Aquí es cuando captas la atención de los miembros de la audiencia, haces que ellos se concentren en ti y logras que estén a la expectativa de lo que vas a decir.
2. *La introducción.* Esta es tu transición al primer punto de tu charla.
3. *El primer punto.* Aquí es que comienzas a construir tu discurso.
4. *La transición al siguiente punto.* Aquí es cuando indicas que estás haciendo una transición del primer al segundo punto de tu intervención.
5. *El segundo punto clave.* Surge naturalmente del primer punto y está basado en él.
6. *Otra transición.* Aquí es cuando pasas a tu tercer punto.
7. *El tercer punto clave.* También se desprende naturalmente del primer y el segundo puntos.
8. *El resumen.* Aquí es cuando concluyes tu presentación con un convincente llamado a la acción.

## Los siete elementos esenciales de una presentación

Existe una receta o fórmula garantizada para diseñar y presentar con éxito una charla sobre cualquier tema ante cualquier audiencia. Cada charla se puede calificar en una escala del 1 al 10 en cada una de estas siete partes. Cuando el orador obtiene una puntuación baja en alguna de estas áreas, esto socava la eficacia de toda la charla.

### Introducción y apertura

Es esencial que causes una buena primera impresión desde el mismo momento en que te levantes de tu silla y te ubiques frente al público para comenzar a hablar. Es un hecho que dar una buena primera impresión comienza mucho antes de que inicies tu discurso.

La preparación es la clave. Comienza escribiendo tu discurso palabra por palabra. Utiliza el método que describí en el capítulo 2. Escribe el título de la charla en la parte superior de la página y luego desarrolla cada punto que creas que sería importante incluir. Muy a menudo, estas lluvias de ideas ocupan entre dos y tres páginas.

Después de este primer ejercicio, revisa los diversos puntos y comienza a ponerlos en secuencia, agrupándolos alrededor de los aspectos principales que vas a presentar. Luego, registra toda tu charla y escríbela a doble espacio para que te quede fácil revisar punto por punto. De ese modo, editas y pules varias veces el que será el contenido de tu charla. Hazlo hasta que te sientas satisfecho con lo que vas a decir, así como con la estructura que le darás a tu presentación y el flujo del tipo de lenguaje que piensas usar. Una vez que tu conferencia esté escrita y te sientas seguro de ella, grábala y luego reprodúcela. De ese modo, identificarás aquellas partes que estén poco claras o que podrías mejorar reescribiéndolas.

Hay algunas otras cosas que debes hacer para asegurarte de que tu presentación comience bien y que causes una buena primera impresión.

*La práctica hace la perfección*

Mucha gente cree que el discurso de Lincoln en Gettysburg es quizá la mejor pieza de oratoria que existe en lengua inglesa. Algunos cuentan que él lo escribió en el reverso de un sobre mientras viajaba en tren rumbo a la inauguración del cementerio de Gettysburg. Sin embargo, la verdad es otra. Todo indica que Lincoln ya había pronunciado partes del discurso de Gettysburg en otras exposiciones a lo largo de varios meses antes de cristalizarlo en la que se convirtió en una pieza oratoria histórica. En otras palabras, Lincoln ya había practicado pronunciando varias de sus ideas y frases hasta que al fin obtuvo un discurso perfecto.

El discurso «Tengo un sueño» de Martin Luther King en Washington D. C. es una obra de oratoria maravillosa e inspiradora. Sin embargo, él también había practicado pronunciando partes de ese discurso una y otra vez en los años anteriores. Su alocución final reunió los mejores elementos de muchos de sus discursos pasados.

*Conoce las instalaciones*

Una segunda parte para causar una buena primera impresión es llegar temprano al lugar en que harás tu presentación. Preferiblemente, ve allí el día anterior, observa cómo será la organización del evento en general y cómo es el recinto donde hablarás frente al público.

Revisa el escenario, el sistema de sonido, la iluminación y los asientos de la audiencia (consulta el capítulo 10 para obtener más información de lo que necesitas saber a este respecto). Nunca asumas que a alguien más va a importarle tanto como a ti la organización del evento. Recuerda, muchas de las personas que se encargan de la preparación de los salones de reuniones tanto para audiencias grandes como pequeñas suelen ganar un salario mínimo. Son trabajadores cuyo único objetivo es hacer la labor que les asignaron e irse a casa lo más pronto posible.

Tengo experiencia en esto porque no hace mucho me invitaron a hacer una presentación de noventa minutos ante 4.000 personas. Se trataba de los ejecutivos y el personal de una compañía internacional en rápido crecimiento. Aquel fue un ciclo de conferencias de tres días y la empresa contrató a un equipo de expertos en montar el escenario, las pantallas laterales, el sonido, la iluminación y los asientos. Yo llegué a la hora del almuerzo, a mediados del segundo día, pues decidí que iría allí temprano y me alegro de haberlo hecho.

Mi estilo de presentación incluye escribir notas en un proyector o un ELMO. Suelo pararme en el centro del escenario con el proyector a mi derecha para poder hablar e ilustrar mis puntos. Además, a medida que avanzo, mantengo contacto visual con el público.

El hecho es que, en esa ocasión, los colaboradores habían instalado el ELMO a un lado y en dirección opuesta a la audiencia. Cuando les señalé lo más gentilmente posible que esta manera de acomodar el escenario me obligaría a alejarme de la audiencia, ellos se encogieron de hombros. Aquel detalle no era importante para ellos. Entonces, les pedí de inmediato que reposicionaran el ELMO de tal forma que yo estuviera de cara a la audiencia cuando hablara. Por fortuna, la presentación salió muy bien.

### *Interactúa con tu audiencia*

Antes de hacer tu presentación, interactúa con los organizadores de la reunión, con tus anfitriones y, si es posible, con algunas de las personas que serán parte de tu audiencia. Preséntate, pregúntales sus nombres e intenta saber un poco sobre ellos.

Los miembros de las audiencias siempre disfrutan hablando con el orador de turno y le hacen muchas preguntas. Tu objetivo es tener una idea de cómo serán los asistentes a tu charla. Tú quieres saber lo que ellos piensan y sienten. Por encima de todo, lo que más deseas es que sientan que tú y ellos están en la misma situación y a un mismo nivel.

*Escucha a los otros oradores*

Si tu discurso es después de uno u otros más, es importante que llegues temprano y escuches a los demás oradores. Es esencial que sepas lo que se le ha dicho a esta audiencia desde antes que sea tu turno de hablar.

A veces, tengo que hablar en la última hora de la mañana, antes del almuerzo. Mis anfitriones suelen decirme: «Tu intervención está programada a las 11:00 a. m., así que no es necesario que estés aquí antes de las 10:30 a. m.». Sin embargo, en todos los casos, suelo estar en el lugar desde cuando el primer expositor, que casi siempre es un ejecutivo de la empresa, comienza a dar las primeras declaraciones del día. Entonces, cuando es mi turno de hablar, después de mi introducción me referiré a lo que hayan dicho los oradores anteriores, sobre todo si un alto ejecutivo se ha referido a un punto fundamental del negocio. Además, suelo felicitar las observaciones y contribuciones de los oradores anteriores diciendo algo como: «Cuando su presidente, Robert Wilson, habló con ustedes hace un rato, se refirió a un punto extremadamente importante...».

Esto le muestra a la audiencia que te preocupas lo suficiente como para participar plenamente en la reunión, tal como ellos lo están haciendo.

Hay otra razón por la que quieres escuchar a los anteriores oradores. Si no sabes lo que ellos han dicho, podrías terminar diciendo algo que la audiencia ya ha escuchado o que contradice un punto que alguien dejó establecido antes de tu presentación.

Por ejemplo, recuerdo haber hecho una presentación ante 2.000 personas en Chicago. Fue después del almuerzo, pero me propuse estar en el salón a las 8:30 a. m., cuando empezaran los demás oradores.

El primer expositor dio una buena charla sobre el tema de la convención y cerró con una historia divertida.

Luego, hubo una pausa para el café de veinte minutos antes de que el segundo orador fuera presentado. Este segundo orador no se había molestado en asistir a la primera charla. Llegó justo para ser presentado frente al escenario. Su charla también estuvo ligada al tema de la reunión y, al final, para sorpresa del público, concluyó contando la misma historia que había utilizado el primer expositor. Esta vez hubo algo de risa y también cierta incomodidad. Se notaba en el rostro del orador que estaba perplejo ante el hecho de que pocas personas se habían reído.

Entonces, sucedió lo peor que te puedas imaginar. El tercer conferenciante, que tampoco había asistido a las charlas de los dos primeros, se levantó, pronunció su discurso e hizo su cierre con la misma historia. Esta vez, el público guardó completo silencio. A nadie le pareció divertido, en absoluto. De hecho, fue claro para la audiencia que el expositor no había escuchado las charlas anteriores. Por las miradas en los rostros de los miembros de la audiencia era fácil deducir que ellos llegaron a la conclusión de que al tercer orador le pareció que era demasiado importante como para llegar temprano. Como resultado, fracasó por completo.

*Mantente alerta*

En varias ocasiones, me ha ocurrido que planifiqué mi charla con mucha antelación y luego tuve que modificarla rápidamente por algo que otro orador dijo antes de que yo hablara. A veces, los expositores han usado el mismo chiste o la misma historia que yo pensaba emplear.

*Conoce a tu presentador*

Para garantizar una presentación impresionante, reúnete y habla con tu presentador. Asegúrate de preparar, tú mismo, una introducción escrita, en letra grande, de modo que le sea fácil leerla. En la parte superior de la página, escribe las palabras: «Por favor, lee esta introducción exactamente como está escrita». Ten presente que una introducción mediocre o mal leída puede equivaler a que tengas que empezar con el pie izquierdo frente a cualquier audiencia.

Es sorprendente ver la frecuencia con la que se les pide a los presentadores que introduzcan frente al público a un orador y no han hecho ni el más mínimo esfuerzo por leer y ensayar la introducción antes que el expositor de turno se ponga de pie para subir al escenario. Como consecuencia, terminan leyéndola de manera torpe, dudando y cometiendo errores. La forma en que puedes resguardar a tu audiencia de que esto ocurra es asegurándote de que tu introducción esté tan bien escrita que el presentador no pueda perjudicarte ni aun si hace una mala lectura de ella.

*¡Llegó el momento de la función!*

Cuando te presenten, respira profundo y camina seguro y confiado hacia el escenario. Agradécele al presentador, dándole la mano o incluso un abrazo, si es apropiado. Luego, mira a los miembros de la audiencia directamente y sonriendo, como si estuvieras muy feliz de verlos.

Permanece en silencio durante unos segundos, permitiendo que el público se serene y centre su atención en ti. Deja que tus ojos recorran poco a poco la audiencia y divídela mentalmente en cuatro secciones o cuatro cuartos, dos adelante y dos atrás. Selecciona a alguien en el centro de cada sección para luego concentrarte en esa persona y hacer contacto visual frecuente con ella.

Comienza haciendo una declaración que capte de inmediato la atención de la audiencia, expresando un deseo, una preocupación, un interés o un problema en común con ellos. Por ejemplo, cuando hablo con una empresa o frente a una audiencia que se desenvuelve en el campo de las ventas, suelo empezar diciendo:

> Bueno, les tengo buenas noticias (pausa). Estamos viviendo el mejor momento de la historia (pausa). Más gente va a hacer más dinero en los próximos años que el que la humanidad ha ganado en los

últimos siglos. Tu trabajo es ser una de esas personas y el mío es mostrarte cómo lograrlo.

Con este tipo de apertura, captarás de inmediato la atención, el interés y la curiosidad de los presentes. La gente se enfocará en ti, ansiosa por escuchar qué hay que hacer para lograr este objetivo.

### Haz entender tu punto de vista

Cualquiera sea el tema de tu discurso o presentación, hay varias cosas que debes hacer para asegurarte de que tu audiencia siga tu lógica, se enfoque en escucharte y esté sensible a tu influencia.

*Vincula cada punto con la historia*

Cada vez que utilices una historia para ilustrar un punto, asegúrate de vincularla refiriéndote con frecuencia al punto en cuestión. Por ejemplo, cuando hago la declaración introductoria que acabo de mencionar, los presentes hacen un gesto como si intentaran acercarse a mí, ansiosos por escuchar el resto de la historia. Entonces, empiezo a explicarles cómo Alejandro Magno dirigió a su ejército contra Darío en la batalla de Arbela, derrotándolo mediante un liderazgo superior a pesar de las probabilidades de diez a uno que tenía de perder y pasando a conquistar la mayor parte del mundo conocido en ese momento.

Durante el resto de mi charla, me enfoco en explicar cuáles son las cualidades esenciales del liderazgo, tales como la visión, el coraje, el nivel de compromiso, la determinación, la innovación y la responsabilidad. Al final de la charla, cada ejecutivo deberá verse a sí mismo como un Alejandro en potencia, desafiando todas las probabilidades que tenga de lograr la victoria en los mercados competitivos.

*Activa ambos lados del cerebro*

Una investigación ganadora del Premio Nobel concluyó que el cerebro humano maneja diversas habilidades tanto en el lado izquierdo como en el derecho. El lado izquierdo es lógico, práctico, analítico, factual y sin emociones. Esta es la parte del cerebro que utilizamos para asimilar información de todo tipo. En cambio, el lado derecho del cerebro se activa con imágenes, emociones, música e historias.

La gente toma decisiones con el lado derecho del cerebro. Tu trabajo es activar y estimular al máximo los lados correctos del cerebro de tus audiencias, según sean tus propósitos. Cuanto más dirijas tus observaciones y comentarios al lado derecho del cerebro, más comprometida estará la audiencia contigo y con lo que dices. Recuerda el efecto del método «limpiaparabrisas».

A medida que desarrolles tu presentación utilizando hechos e historias, selecciona a una persona en el centro de cada sección de la audiencia que hiciste mentalmente y regresa tu mirada hacia ella con cierta frecuencia. Selecciona personas sonrientes y positivas, que parezcan estar plenamente interesadas en tu mensaje. Concéntrate en ellas, una a la vez, y diles una frase completa, como si fueran la única persona en el auditorio. Luego, dirige tu mirada hacia otra persona en otra sección del lugar y también dile algo directamente a ella.

*Mira directo a las personas de la audiencia*

Cuando hablas directamente con una persona, todos los que están detrás de ella, desplegándose en forma de «V», se sienten como si les estuvieras hablando directo a ellos. Cuando hablas con un individuo que se encuentra en la parte posterior del salón, las personas que están detrás sienten que ellas son el centro de tu atención. Cuantos más asistentes sientan que les estás hablando y te estás conectando directamente con ellos, más comprometidos estarán contigo y con lo que estás diciendo.

*Muévete en un cierto espacio*

Cuando hables frente a una audiencia numerosa, practica el método del punto fijo. Es decir, elige un espacio de un metro por un metro, o de metro y medio por metro y medio, y permanece dentro de ese marco. Disciplínate para no moverte en un área más amplia ni desplazarte mucho de adelante hacia atrás. Evita la tendencia a avanzar y retroceder continuamente. Por lo general, estos movimientos son resultado del nerviosismo del orador. Aprende a controlarlos siendo consciente de ellos antes de comenzar a hablar. Deja que los brazos caigan con naturalidad a los costados. No juegues con tu ropa ni te la acomodes constantemente y no metas las manos en los bolsillos. Más bien, levántalas de forma natural a medida que hablas y expresas tu punto con claridad. Luego, déjalas caer naturalmente a los costados.

### Haz transiciones suaves

Esto es muy parecido a cambiar de ritmo. Cuando hayas desarrollado por completo un punto, es necesario indicarle claramente a la audiencia que vas a avanzar al siguiente punto. Si no lo haces, ellos se confundirán y pensarán que tus comentarios siguen relacionados con el punto anterior. Por esa razón, asegúrate de hacer transiciones sencillas, mediante frases como: «El siguiente punto que me gustaría abordar es...». A veces, yo digo: «Ahora, me referiré al siguiente punto...».

Desglosa cada punto por completo, ciérralo con una conclusión breve. Luego, sigue adelante. No vuelvas a un punto que ya explicaste. Esto solo confunde a tu audiencia.

#### *Haz comentarios espontáneos*

A veces, cuando estás hablando, viene a tu mente un ejemplo perfecto, una historia o un comentario humorístico que no tenías planeado compartir. Dado que es algo natural y espontáneo, esa es una manera maravillosa de conectar con tu audiencia. Sin embargo, es bueno señalar que se trata de un comentario al margen, diciendo algo como: «Se me acaba de ocurrir algo que ilustra perfectamente este punto...». También puedes decir: «Anoche, alguien apareció en televisión y dijo...».

En otras palabras, hazles saber a los presentes que te estás desviando del punto central y di, por ejemplo: «Permítanme hacer un breve paréntesis». Una vez termines de hacer dicho paréntesis, haz la transición al tema que estás explicando. A veces, digo: «Retomando el curso de mi presentación...», o «Prosiguiendo con el tema».

En todo caso, digas lo que digas y cómo lo digas, tu audiencia debe sentir que tú tienes el control total de tu presentación y que esta tiene un comienzo, un contenido específico y un final.

*Disciplínate y aprende a mantener el rumbo*

Hay muchos oradores que son lo que yo llamo «entusiastas». Son positivos, divertidos y elocuentes. Suelen ser inteligentes, experimentados y bien informados, pero sus presentaciones son vagas. A menudo, empiezan bien, comparten una historia inicial o un comentario importante. Sin embargo, a partir de ahí, saltan de un punto a otro, retroceden, pero también avanzan en el tema y al mismo tiempo se refieren a otros temas, dejando escapar cualquier pensamiento, historia o chiste que venga a su mente a lo largo de su presentación.

A menudo, son oradores divertidos, simpáticos y entretenidos, lo cual hace que sus audiencias se rían y los aplaudan. Pero al final, el público no tiene una idea real ni clara de lo que ellos estaban hablando o tratando de transmitir. Como resultado, la gente sale sintiéndose decepcionada, como si hubiera sido invitada a cenar y lo único que le brindaron fue un aperitivo.

## Mantén la coherencia

Existe un profundo deseo en el ser humano de comprender cuál es la razón, la lógica y el orden que existe en el universo. A esto se le llama «sentido de coherencia». Cada vez que haces una presentación que va claramente de un punto a otro punto, satisfaces esta necesidad. Como resultado, el público se siente relajado y cómodo contigo. Está interesado y tiene curiosidad por ver hacia dónde vas con lo que estás diciendo.

En el capítulo 2, mencioné el método para planear una buena presentación y consiste en hacer una serie de círculos grandes que van desde la parte superior de una página hasta la parte de abajo, de tal modo que cada círculo represente cada punto clave del cual vas a hablar. Con mis audiencias de ventas, enseño el que llamo el método «columna vertebral y costillas», útil para hacer preguntas y desarrollar una presentación de ventas. La columna vertebral representa las vértebras individuales, los puntos clave a tratar. Las costillas representan los paréntesis, las historias, citas o ilustraciones a utilizar para darles vida a los puntos principales y probar su eficacia frente a la audiencia.

Planificar tu presentación de tal manera que vayas de un punto al otro, como una rana saltando de planta en planta, te facilita recordar lo que vas a decir y hace más fácil y agradable para tu audiencia escucharte y entenderte.

*Escribe las frases clave palabra por palabra*

Escribir frases clave palabra por palabra te permite asegurarte de que tu punto esté redactado de tal manera que tendrá el máximo efecto posible en tu audiencia. Observa la diferencia entre decir: «Tú puedes hacer lo que quieras» y expresar esa misma idea diciendo: «Lo que tú puedes hacer está limitado solamente por tu propia imaginación».

*Usa el poder del tres*

Uno de los recursos de la retórica más poderosos es usar tres veces seguidas el mismo término o tres frases que lo contengan. Por alguna razón, la mente humana capta más cuando explicas o expresas algo usando tres frases entrelazadas.

Por ejemplo, en el discurso de Gettysburg, Lincoln utilizó las famosas palabras: «Del pueblo, por el pueblo y para el pueblo». Por su parte, el famoso discurso inaugural de John F. Kennedy contenía las frases: «Pagar cualquier precio, soportar cualquier carga y enfrentar cualquier dificultad».

Por eso, en mis charlas suelo decir: «Ahora mismo, tienes la capacidad de resolver cualquier problema, superar cualquier obstáculo y lograr cualquier objetivo que te propongas». Cuanto más tiempo y más énfasis hagas en las frases y oraciones clave de tus charlas, más eficaz y persuasivo serás.

Hace algunos años, un amigo estaba animándome a escribir un libro e hizo esta maravillosa declaración: «Escribir es una actividad en la cual no empeorarás cada vez que la practiques». Lo mismo ocurre con la oratoria. Solo la mejorarás hablando. Por eso, la clave para tener éxito al hablar en público es, parafraseando a Elbert Hubbard, «hablando y hablando y hablando y hablando y hablando y hablando y hablando».

### Genera una relación con la audiencia

Mientras más gente haya en la audiencia a la cual le gustes, más sensible estará esa gente a dejarse influenciar y persuadir por ti. Como lo dijo Willy Loman en *La muerte de un viajante:* «Lo más importante es agradar».

Nada involucra más a los miembros de tu audiencia con tu mensaje que sonreír y ser cálido y afable cuando estás frente a ellos. Cuanto más les parezca a ellos que te estás divirtiendo, más disfrutarán el hecho de estar contigo. Mientras más le agrades a la gente, más se sensibilizará contigo y más receptiva será con lo que quieres que ellos hagan.

Una de las formas más poderosas de generar participación por parte de la audiencia es haciendo preguntas. Cada vez que le haces una pregunta a una persona, la estás comprometiendo a que te responda. Incluso si esa persona no sabe la respuesta o si le haces una pregunta capciosa o estás utilizando la pregunta como un recurso retórico, el hecho es que, cuando le haces una interrogación a alguien, estás llamando su atención y esa persona comienza a buscar en su mente una posible respuesta. Incluso se inclina hacia adelante para escuchar de tu parte cuál podría ser la respuesta correcta a esa cuestión.

Por ejemplo, cuando quiero captar la atención de una audiencia compuesta por el personal de alguna empresa, pregunto casualmente: «¿Cuál es la persona mejor pagada y el trabajo más importante en Estados Unidos?».

En primer lugar, el público responde guardando silencio. Luego, la gente empieza a lanzar posibles respuestas: «¡El mundo del espectáculo!». «¡Las ventas!». «¡Ser un orador profesional!». «¡Los deportes!».

Después que ellos han intentado responder, sonrío y les digo:

> El trabajo mejor pagado y más valioso de Estados Unidos es pensar. Esto se debe a que, de todas las cosas que hace la gente, es el pensamiento lo que genera los mayores resultados y las máximas consecuencias. Cuanto mejor pienses, mejores decisiones tomas. Cuantas mejores decisiones tomas, mejores acciones realizas. Mientras mejores acciones realizas, mejores resultados obtienes y mejor será la calidad de tu vida tanto a nivel personal como laboral. Todo comienza en el pensamiento.

Luego, hablo de algunas de las herramientas y técnicas de pensamiento de las personas más destacadas y efectivas en los negocios o en la industria a la cual me estoy dirigiendo en el momento. Después, a lo largo de mi charla, vuelvo a hacer referencia a la manera exitosa en que piensa esa gente importante a la que ya me referí, según sean las diferentes situaciones que ellos afronten. Este tema, que sirve como hilo conductor de mi charla, mantiene a la gente totalmente atenta a lo que estoy diciendo.

### Mantén buen ritmo y buena sincronización

La mejor definición de una buena presentación frente a una audiencia de cualquier tamaño es «conversación entusiasta».

Piensa en el hecho de conducir un automóvil con transmisión estándar en lugar de automática. Cambia continuamente de tema. Ve más rápido o más lento. Habla más alto o más bajo. Cambia la intensidad de tu voz y haz que vaya desde serena hasta casi apasionada.

Cuando varías continuamente el tempo, la velocidad y el volumen de tus palabras, haciendo una pausa para luego continuar más rápido y después más lento, mantienes a la audiencia tan involucrada contigo como lo estaría viendo una carrera de autos NASCAR. Esto hace que todo lo que digas sea más interesante y agradable para quienes te oigan. De ese modo, quienes te escuchan no tendrán la oportunidad de relajarse ni aburrirse, pues siempre estarás cambiando algún elemento de tu presentación. Hablaré de esto en el capítulo 8.

Al hablar ante un público numeroso, casi invariablemente alguien te pedirá que hagas una charla más breve. Las grandes audiencias suelen asistir a ciclos de conferencias compuestos por varios oradores. Por lo tanto, ellos tienen un tiempo exacto para hacer sus presentaciones y estas tienen que ajustarse a esa limitación. Hace poco, un amigo mío fue contratado para que hiciera una presentación en una convención internacional y voló a Hong Kong para dar una charla de doce minutos sobre cierto tema en particular. Esa fue la cantidad precisa de tiempo que los organizadores de la convención le asignaron a su conferencia.

Como es lógico, la cantidad de información que incluyes en lo que vas a decir está determinada por la cantidad de tiempo que te dan. La regla que yo sigo es que, si me piden que hable treinta minutos, construyo mi charla en torno a tres puntos clave. Si me piden hablar durante una hora, construyo mi charla en torno a cinco puntos clave. Si me piden que hable noventa minutos, incluyo siete puntos clave. Estas pautas te dan un modelo mediante el cual puedes desarrollar cualquier exposición.

## El resumen y el cierre

Estas suelen ser las partes más importantes de tu charla, las que serán recordadas por más tiempo. Por lo tanto, debes planificarlas con lujo de detalles y exponerlas con cuidado.

La regla es que memorices tu apertura y tu cierre para que puedas impactar y motivar a la gente. Tus comentarios finales deben ser como un punto (o como un signo de exclamación) al final de cada oración.

La forma más sencilla de cerrar una charla es resumiendo tus puntos clave, repitiéndolos uno por uno, dando la conclusión como una consecuencia natural que fluye a partir de los comentarios esenciales que hiciste a lo largo de tu presentación.

Ahora, tus comentarios finales deben ser tu «llamado a la acción», el momento en el cual le preguntas o le dices a la audiencia lo que quieres que esta haga con respecto a la información que le acabas de presentar.

El principio más importante es terminar la charla con un «golpe certero». Algunas veces, puedes usar la «regla de tres» para concluir tus comentarios y hacer tus recomendaciones finales. Otras veces, puedes terminar con una cita o un poema. Si es apropiado, finaliza con un chiste que se relacione con tu historia y enfatice el punto principal que te enfocaste en transmitir. En el capítulo 11, aprenderás cómo hacer tu cierre de manera explosiva.

*Cuando llegues al final, detente*

A terminar tu presentación, permanece en silencio, sonriendo frente a la audiencia.

Cuando era más joven, al final de mis charlas solía decir: «Gracias», e inmediatamente comenzaba a mirar a mi alrededor para ver por dónde bajar del escenario. A veces, empezaba a apilar y recoger mis materiales escritos. Más adelante, descubrí que eso desconcierta y confunde al público. Entonces, aprendí la disciplina de quedarme completamente quieto y sonriente al final de mi exposición, indicando que la charla terminó y que ahora es el turno para que la audiencia asimile y responda de acuerdo a lo expuesto.

*Espera*
Una y otra vez, mientras permanecía allí en silencio, alguna persona empezaba a aplaudir, luego otra y otra. Pronto, toda la audiencia estaba aplaudiendo. Si eres un orador destacado, alguna persona se pondrá de pie a medida que continúa aplaudiendo. Entonces otra persona también se pondrá de pie. Uno por uno, los miembros de la audiencia se pondrán de pie, dándote una gran ovación. Pero tú tienes que darle al público un compás de espera.

## Cómo hablar en ocasiones especiales

Habrá ocasiones en las que se te pedirá que hables en un momento o en una ocasión especial. A menudo, será sin previo aviso y sin tiempo para preparar algo que decir. Estos pueden ser momentos importantes en tu vida y en la de los demás, así que debes enfrentarlos con esmero y atención.

Los cinco discursos más comunes en ocasiones especiales son: (1) en escenarios de premios y felicitaciones; (2) en presentaciones o agradecimientos en eventos públicos; (3) en cumpleaños y aniversarios; (4) en bodas; y (5) en funerales. En cada caso, deberás utilizar todas las habilidades retóricas que tengas para dar un excelente discurso.

1. *En premios y felicitaciones*. Piensa en cuáles serían tus comentarios más apropiados y escríbelos antes de hablar. Sé claro con respecto al propósito de la ocasión y con lo que la persona premiada ha hecho para merecer ese agasajo.

Todos estarán observando tu actuación y tomarán nota de lo que digas, especialmente el agasajado. Cuanto más importante sea su posición en la organización, mayor será el impacto de tus palabras y más tiempo serán recordadas.

Cada vez que alguien es reconocido y felicitado frente a otros, especialmente frente a sus compañeros, la ocasión es un gran evento. Al hablar con calidez, inteligencia y conocimiento sobre los valiosos logros del festejado, tus palabras tendrán un efecto importante en esa persona y en los presentes.

2. *En presentaciones o agradecimientos*. En algún momento, te pedirán que seas el orador en un acto público o en medio de una reunión de alguna asociación. Toma esta responsabilidad en serio. Todos te estarán mirando.

En muchas ocasiones, debido al tiempo y a la atención prestada a la presentación del orador, la introducción en sí resulta siendo mejor que el discurso. Muchos aspirantes a ejecutivos se han puesto a sí mismos en la vía rápida al éxito al hacerle una excelente introducción a un alto ejecutivo o a un orador importante de la industria.

Hace algunos años, me invitaron a hacer la presentación de Barbara Bush, esposa del expresidente George H. W. Bush, ante una gran audiencia. Entonces, me preparé a fondo y le hice una introducción tan buena que recibí una gran ovación a medida que ella subía al escenario. El presidente, que estaba observando, después me agradeció personalmente. Por mi parte, nunca olvidé aquel gesto.

También es posible que te pidan que le agradezcas a un orador después de su presentación. En este caso, toma notas de los puntos clave que él cubrió, de modo que cuando vayas a agradecerle, puedas recapitular brevemente lo que tú veas que fue lo más importante de su discurso. «Gracias por esa maravillosa presentación. Todos disfrutamos de tus comentarios. Lo más notorio de lo que dijiste fue que...».

Cuando hablas bien frente a una audiencia, la gente automáticamente piensa que tú eres más inteligente, más elocuente y más competente que otras personas. No arruines esa opinión.

3. *En cumpleaños o aniversarios*. Estos son acontecimientos importantes en la vida de la mayoría de las personas. Cuando te pidan que le dirijas unas palabras al homenajeado o que hagas un brindis

en su honor, hazlo, pero asegúrate de hablar antes con esa persona y pídele que te cuente un poco sobre su vida. También es buena idea preguntarles a otros sobre ella y reunir detalles interesantes o poco conocidos, por los cuales puedas felicitarla y elogiarla.

Cuando ya sea tu turno de homenajearla, sé siempre edificante y elogioso. Evita hacer bromas a sus expensas. Hazla sentir bien consigo misma. Al hacer eso, lograrás que todos los asistentes a la reunión también se sientan bien consigo mismos.

4. *En bodas.* Esta es una de las ocasiones más importantes en la vida de las personas y en la de los padres de los novios. Las cosas que digas y las palabras que uses serán recordadas por años. Por lo tanto, escoge con cuidado cada palabra que dirás.

Hace algunos años, fui invitado a la boda de los hijos de unas personas muy agradables. Se trataba de unos obreros de la construcción y su presupuesto era limitado, así que le pidieron a su hijo mecánico de veintitrés años que hiciera el brindis en honor a la novia, que era su hermana de veinticinco años y se iba a casar.

La boda fue muy divertida y todos bebían, reían y hacían bromas un poco pesadas sobre los recién casados y con respecto a todo lo que implica el hecho de estar casado. Sin embargo, cuando el hermano se levantó a hacer el brindis, fue inmediatamente obvio que se estaba tomando su discurso en serio. Tan pronto empezó a hablar de su hermana, todos los presentes callaron. Durante quince minutos, habló sobre su vida juntos a medida que crecían, y expresó lo maravillosa que era ella.

Hizo un buen recuento del paso de los años y compartió breves historias sobre su infancia, sus padres y sus experiencias como hermanos. Cuando levantó su copa y propuso brindar por «una vida de amor y felicidad» no había un ojo seco en el salón.

Cada vez que te pidan hablar en una boda, elige tus palabras y habla solo de amor, compromiso y felicidad para toda la vida. Alégrate por los novios y deséales todo lo mejor en su nueva vida juntos. Lo que digas debe ser de mucho significado.

5. *En funerales.* Es posible que te pidan que pronuncies un panegírico en el funeral de un amigo o familiar. Cuando lo hagas, debes escribir cada palabra de antemano, por dos razones. La primera, porque lo más probable será que te sientas bastante emotivo al leerlo. Si no está escrito, es casi un hecho que perderás el control de lo que quieres decir, además de tu compostura. En segundo lugar, si lo has escrito con cuidado, la gente querrá conservar para siempre una copia de tu discurso.

Cuando leas el elogio, hazlo despacio y modula cada palabra. No es prudente hablar más de cinco a ocho minutos.

Al escribir un panegírico, comienza refiriéndote a que el difunto era una persona buena, cariñosa, honesta y afectuosa. Luego, dirígeles unas palabras a sus familiares y habla de lo importantes que ellos eran para la persona fallecida. Después, comparte algunos detalles y logros que ella obtuvo a lo largo de su vida. Termina haciendo una manifestación de tristeza y duelo y di que «nunca olvidaremos la inspiración o la contribución que hizo a nuestras vidas».

Pronunciar el panegírico de alguien es uno de los actos más importantes que puedas ofrecer. Planifícalo y prepáralo con cuidado y en detalle.

## Resumen

Hablar frente a grandes audiencias es uno de los actos más desafiantes y emocionantes que alguna vez harás. Miles de oradores les dan charlas a grandes audiencias todos los días, en todo el mundo. Esta es una habilidad que se puede aprender. Recuerda que la forma en que pronuncias un discurso es tan importante como el discurso mismo. Cuando aprendas a dar excelentes alocuciones públicas, como resultado de la preparación y la práctica, llegarás a ser una de las personas más persuasivas e influyentes en tu campo de acción.

CAPÍTULO 8

# Maestría vocal. Técnicas poderosas del uso de la voz

*El mejor orador es aquel que enseña, deleita y motiva a sus oyentes.*

—CICERÓN

Como orador, la voz es tu herramienta más importante. Al dirigirte al público, utilizas tu voz para aumentar el poder y la capacidad de persuasión de tu discurso. Puedes jugar con tu voz como si fuera un instrumento para atraer, inspirar y conectar a la audiencia con tu mensaje. La forma en que alteras la voz puede cambiar y cambiará el impacto de lo que dices.

A veces no importa lo que dices, sino cómo lo dices. El tono de voz influye mucho en la interpretación que la gente hace de lo que estás comunicando y en cómo les hace sentir. Una de mis citas favoritas es de Maya Angelou: «Las personas olvidarán lo que hiciste, olvidarán lo que dijiste, pero nunca olvidarán cómo las hiciste sentir». Siempre debes asegurarte de pensar en cómo quieres que se sienta tu público, y luego tu voz debe transmitir tu mensaje de manera que lo consiga. A veces querrás que tu público se sienta motivado e inspirado para actuar, o que se sienta conmovido o emocionado por un tema que te importa mucho. Tu voz y tu tono pueden guiarlos hasta ese lugar, de modo que capten realmente el significado de tu mensaje.

En este capítulo aprenderás a utilizar tu voz como un instrumento para transmitir tu mensaje. Analizaremos cómo hablar más rápido puede darle energía al público y hablar más despacio puede calmarlo. Consideraremos hablar más alto para enfatizar las ideas clave y hablar más bajo para transmitir emociones. También hablaremos de poesía y del poder de la pausa. Hay muchas formas de transmitir un mensaje y de causar impacto con la voz.

**—CHRISTINA**

Cuando hablas, tu voz es tu herramienta más importante. Por dicha, es posible aprender a usar la voz como si fuera un instrumento musical. De este modo, aumentarás tu poder y tu capacidad de persuasión en cualquier conversación o discurso.

Los cantantes son famosos por entrenar sus voces durante varias horas cada día. A veces, entrenan meses y años hasta alcanzar un mayor nivel de calidad y resonancia. Tú debes hacer lo mismo. Las voces poderosas son más profundas, más sonoras y más fuertes. Están llenas de energía y potencia. Cuando hablas con fuerza y confianza, manejas el tema y crees en la importancia de los puntos que estás exponiendo, tus oyentes te creen y aceptan tus propuestas.

## Desacelera

Cuando hablas más lento, tu voz tiene más poder y autoridad. Tus oyentes tienen la oportunidad de absorber y reflexionar sobre aquello que estás diciendo. Transmites confianza. Les das importancia a todas y cada una de tus palabras. Por lo general, la gente con poder habla despacio, enuncia sus ideas claramente y se expresa con confianza. Hablar así es poderoso y motivante para cualquier audiencia.

En cambio, cuando hablas demasiado rápido, tu tono sube y tiende a volverse un tanto alborotado e infantil. Así, el impacto de tus palabras y tu influencia en la audiencia disminuyen, porque se degrada la importancia o el valor de lo que estás diciendo.

## La energía es esencial

El elemento más importante de una excelente oratoria es la energía. Hablar ha sido descrito como una «conversación entusiasta», proyectada a un mayor nivel de energía frente a más personas y a mayor distancia.

Hace algunos años, hablé ante 3.000 personas en un hotel ubicado en Orlando, Florida. Mi charla fue parte importante de un ciclo de conferencias de cuatro días. Sin embargo, debido a que el sistema de sonido era nuevo, me conectaron dos micrófonos separados, solo para estar seguros de que la gente me escuchara.

Lo cierto fue que, a los cinco minutos de haber comenzado mi charla, ambos micrófonos dejaron de funcionar. El lugar estaba abarrotado de gente y la agenda era apretada. Por lo tanto, resolví hablar sin micrófono y proyectar mi voz de tal modo que todos me escucharan.

Durante noventa minutos, logré que mi voz llegara hasta la última fila. Quedé exhausto, pero todos me escucharon. Se necesita una enorme cantidad de energía para hablar en voz alta, sea lo que sea que dure cualquier presentación, mucho más si se trata de hablar durante noventa minutos seguidos.

Lo bueno es que la charla fue bien recibida. Hubo que sacar copias y distribuírselas a los miles de miembros presentes.

## Todos deben escuchar

Cuando hablas ante una audiencia, sea cual sea el tamaño, tu objetivo es proyectar tu voz hasta las personas que se encuentran sentadas en la fila más alejada del escenario. Proyectándola hasta allá, captarás la atención de todos los que están ubicados en las sillas del medio.

En todos los casos, el sistema de sonido es tu mejor amigo. Pruébalo de antemano y hazlo con mucho cuidado. Camina por todo el salón para ver si hay más silencio en un lugar que en otro. Asegúrate de que cada zona del lugar esté correctamente cableada y reciba sonido.

### No supongas que todo está bien

No hace mucho, estuve en Filadelfia dando un seminario de un día para unas 800 personas. Ya había estado hablando en ese lugar. El sistema de sonido había sido revisado y parecía funcionar bien.

Lo cierto es que, cuando comencé a hacer mi presentación, la audiencia ubicada desde la mitad hasta atrás comenzó a agitar los brazos y a quejarse de que no podían escucharme claramente. Como te imaginarás, cuando la mitad de tu audiencia está molesta y quejándose, es difícil continuar hablando con calma y seguridad.

Lo que ocurrió fue que los responsables del sistema de sonido no encendieron los altavoces en esa parte del salón. Simplemente, se les olvidó hacerlo. Por consiguiente, cuando empezó el seminario, la gente encargada del sonido había desaparecido y se encontraba en otra parte del hotel. Es común que eso ocurra. Tomó media hora corregir el problema. Mientras tanto, tuve que gritar todo el tiempo.

### El sistema de sonido es fundamental

Hace algún tiempo, estaba dando un seminario ante 1.500 personas en un centro de convenciones en el que ya había hablado varias veces a lo largo de los años y sin problema alguno. En esa ocasión, el personal del centro de convenciones le había «vendido» a los organizadores del seminario la idea de que usaran el área de exhibiciones en lugar del área de banquetes que habíamos usado siempre.

La diferencia entre estas dos áreas era que el salón de banquetes tenía pisos alfombrados y techo acústico. En cambio, el salón de exhibiciones tenía pisos de concreto pulido y un techo alto, parecido a los de los hangares de los aviones.

Debido a esa construcción, que fue diseñada para espectáculos y exhibiciones, esta área no tenía ninguna capacidad acústica, lo cual causaba ecos y ruidos bastante molestos. Por supuesto, cuando comencé a hablar, nadie en el salón, aparte de las primeras filas, lograba entender con claridad lo que yo estaba diciendo. Fue entonces cuando estalló una revolución. La gente se puso de pie y comenzó a gritar. Muchos dejaron sus asientos y se fueron a hablar con el organizador del seminario. Aquello fue un caos.

### Sin buen sonido, ¡imposible hablar!

El personal del centro de convenciones tuvo que ir al salón. Sin embargo, como es la costumbre de quienes se encargan de organizar los salones, los empleados de turno negaron que hubiera algún problema acústico y en últimas dijeron que no había nada que ellos pudieran hacer al respecto. Así las cosas, nos quedamos atrapados en ese salón, sin sistema de sonido. También nos quedamos acorralados en medio de empresarios furiosos, ya que habían agendado todo el día para asistir al seminario. Muchos habían viajado largas distancias para estar allí.

Como la satisfacción de la audiencia es mi mayor prioridad, tomé una decisión radical. Después de consultar rápidamente con el personal del centro de convenciones y determinar que un salón alfombrado no estaría disponible hasta dentro de las dos semanas siguientes, le anuncié a la audiencia que el seminario quedaba cancelado ese día y que se llevaría a cabo en dos semanas. Como compensación por las molestias, les ofrecimos que permitiríamos que cada persona presente que había pagado para asistir al seminario trajera a otra persona sin costo alguno dentro de dos semanas.

Algunos de los presentes estaban bastante disgustados. Afortunadamente, dado que la mayoría de ellos eran vendedores y empresarios, aceptaron que se trataba de un problema irresoluble y estuvieron de acuerdo en regresar en dos semanas, lo cual hicieron. La siguiente vez, estábamos en un salón diferente, el sistema de sonido había sido revisado minuciosamente y de antemano, así que el seminario salió bastante bien. No tuvimos que enfrentar ningún problema.

### No te extrañe que el sonido sea deficiente

Es bastante común que los hoteles y los centros de convenciones instalen sistemas de sonido baratos e ineficaces. Hacia el final de la construcción, el presupuesto de casi todos los hoteles ya está desbordado. Entonces, empiezan a buscar puntos en los que puedan reducir los costos de construcción. Por lo general, las dos compras en las que más regatean una y otra vez son en el sistema de sonido y en el sistema de aire acondicionado.

Nunca dejo de sorprenderme ante la cantidad de hoteles y centros de reuniones que tienen un aire acondicionado muy inferior al adecuado y sistemas de sonido deficientes.

Casi todos los planificadores de reuniones y los organizadores de seminarios con los que he trabajado se las arreglan para traer sus propios parlantes y sistemas de sonido. Puede que cueste un poco más de dinero, pero es una póliza de seguro contra un público decepcionado o furioso.

## Forja el poder vocal

La voz humana es como un músculo. Se puede fortalecer mediante el ejercicio y el uso. Muchas personas con voces débiles se han vuelto conferencistas poderosos y seguros, porque se han dedicado a construir y fortalecer su voz a base de constancia y ejercicio.

Una de las mejores técnicas para desarrollar tu poder vocal consiste en leer poesía en voz alta. Selecciona una poesía que te guste, disfrútala, memorízala, y luego recítala con frecuencia mientras conduces tu auto o caminas o estás haciendo ejercicio. Cada vez que recites una poesía, imagínate que estás haciendo una representación dramática frente a un gran número de personas. Pon emoción, fuerza, énfasis y energía en las palabras. Dilas lentamente. Cambia el énfasis de cada línea del poema y así modificarás su significado. Imagina que las palabras son como las teclas de un piano. Así que, a medida que recites cada línea de la poesía, cambia el énfasis de una palabra a otra en tanto que lees línea por línea.

Mi poeta favorito es Robert W. Service. Sus poemas son más parecidos a versos con maravillosas rimas y aliteraciones. Son fáciles de aprender y recordar. Una vez que los hayas memorizado, los recitarás para ti mismo y para los demás por el resto de tu vida.

Cada vez que recitas una línea de poesía, como si estuvieras actuando en un escenario, no solo mejoras esa línea en particular, sino que también te vuelves un mejor orador con todas tus otras líneas siempre que estés en un escenario frente a una audiencia.

Otra forma de desarrollar el poder vocal es leer obras de teatro en voz alta, en especial, los monólogos de Shakespeare. Cuando estaba en secundaria, memoricé la oración fúnebre de Marco Antonio para César, la cual forma parte de la obra de Shakespeare llamada *Julio César*. Todavía recuerdo y recito esa oración para practicar mi oratoria y hacer el calentamiento de mi voz antes de una charla.

## Graba y escucha tu voz

A medida que desarrolles tu capacidad para hablar con fuerza, grábate leyendo poesía o partes de obras de teatro. Luego, reproduce estas grabaciones una y otra vez y busca formas de mejorar tu pronunciación, tu capacidad de entregar el mensaje y tu ritmo.

Cuando mi empresa enseña sobre las habilidades que se requieren para hacer una buena presentación, me aseguro de que instruyamos a los participantes para que se pongan de pie y compartan una historia sobre alguna parte de su vida con la que se sienten cómodos al contarla. Algunas personas hablan de su trabajo; otras hablan de sus hijos; otras cuentan una experiencia reciente. El hecho es que instruimos a los participantes a hablar en voz alta y con fuerza, lo mismo que a usar sus manos y gestos para expresar sus puntos con gran énfasis.

Luego, grabamos en video cada presentación y la reproducimos. En casi todos los casos, los estudiantes quedan asombrados. No tenían ni la menor idea de lo mal que hablaban incluso frente a un pequeño grupo de personas.

### Hablar en público no es lo mismo que sostener una conversación habitual

Los errores más comunes que comete la gente al hablar en público incluyen la limitación de la proyección de su voz, equivocarse en la pronunciación al tratar de hablar demasiado rápido, hacer demasiadas pausas o hablar mucho o nada en absoluto, decir «um» o cualquier otra muletilla cada rato, y usar un lenguaje corporal inseguro o ineficaz.

Cuando se les dice a los estudiantes que sean más dinámicos, enérgicos y apasionados en la presentación de su tema y ellos lo intentan durante las presentaciones grabadas en video, casi siempre se sorprenden por cómo lo que ellos consideran altos niveles de animación resultan siendo movimientos simples, débiles y autoconscientes.

### Exagera hasta hacerlo bien

Para ampliar tu rango vocal frente a cualquier audiencia, habla sobre algún punto clave lo más alto que puedas, casi gritando. Expande tus brazos ampliamente y luego déjalos caer por completo hacia abajo y a los lados. Cuando veas esto en un video, siempre te sorprenderás al observar lo limitados y autónomos que parecen esos movimientos.

Mi esposa, Barbara, se crio en una casa donde su padre trabajaba en el turno de la noche y dormía durante el día. Por consiguiente, cuando era niña, siempre le advertían constantemente que «guardara silencio», así que ella desarrolló el hábito de hablar en susurros y andar en puntillas por la casa a lo largo de su infancia.

Como resultado, cuando Barbara empezó a aprender a hablar delante de un grupo, los instructores la animaban a hablar más alto. Entonces, ella alzaba la voz hasta lo que creía que era un «grito». Sin embargo, cuando se veía en la pantalla, su «grito» estaba ligeramente por encima del tono normal de una conversación. Estaba asombrada. Cuando grabes en video tus propias presentaciones, también te asombrarás.

### Revisa y mejora

Una de las mejores maneras de mejorar rápidamente como orador es grabar en video tu presentación y luego revisarla junto con alguien que te haga comentarios sinceros. Detén y reinicia la escena cada treinta o sesenta segundos y analiza cómo podrías haber usado tu voz y tu lenguaje corporal —y gesticular— de manera más efectiva y exponer mejor cada punto en particular. Luego, detén el video en ciertos puntos específicos y repite lo que dijiste, pero tal y como lo harías si tuvieras otra oportunidad de hacer esta misma presentación.

### Graba tus conversaciones telefónicas

Aumentarás tu nivel de dominio vocal grabando tu parte de las conversaciones telefónicas y luego escuchándolas. Te sorprenderá oír lo agramatical que eres y lo vacilante y confuso que hablas por teléfono. La buena noticia es que cada vez que grabes y reproduzcas tu propia voz, podrás ensayar diferentes formas de mejorar tu nivel de claridad y articulación.

## Haz una pausa para recargar tu energía

Quizá, la técnica vocal más poderosa que aprenderás en lo referente a hablar en público es cómo aplicar el «poder de la pausa».

En la música, toda la belleza está contenida en los silencios que existen entre las notas. Al hablar, la emotividad y el poder del discurso están contenidos en los silencios que creas a medida que te mueves de un punto a otro. Este es un arte factible de aprender e ir mejorando con la práctica.

Muchos oradores se ponen nerviosos cuando se paran frente a una audiencia. Como resultado, hablan más rápido, con un tono de voz más alto y sin hacer pausa. Cuando estás más relajado, hablas más despacio, haces pausas periódicas, por lo que se manifiesta una actitud más profunda y autoritaria en el tono de tu voz. Hay cuatro tipos de pausas que puedes usar para darles más potencia a tus presentaciones.

1. *La pausa de los sentidos.* Utiliza esta pausa deteniéndote con regularidad en el final de cada oración o punto para permitir que las personas absorban esa nueva información que les estás dando e ir a la par contigo en cuanto a claridad se refiere.

Los oyentes no pueden manejar más de tres oraciones seguidas sin entrar en cierta forma de sobrecarga mental. En ese momento, se distraen y se desconectan. Su mente vaga y esta solo vuelve a conectarse con tu charla cuando haces algo que atrape su atención.

No hay nada que llame más la atención que una pausa. Cuando haces una pausa, sorprendes a la gente. Haces que tropiecen mentalmente y caigan en el silencio que has creado. Entonces, te devuelven toda su atención. Cada vez que haces una pausa, logras que quienes te oyen vuelvan a centrarse en ti y en lo que estás diciendo.

2. *La pausa dramática.* Utiliza esta pausa en un punto en particular que quieras que se quede grabado en la mente de los oyentes.

Puedes usar una pausa dramática inmediatamente antes de presentar un punto importante o al instante después de presentarlo. De este modo, lograrás que las personas absorban la importancia de lo que acabas de decir.

3. *La pausa enfática.* Utiliza esta pausa para resaltar un punto clave. Por ejemplo, hacia la mitad de cada seminario, suelo detenerme y preguntar con cierto énfasis y curiosidad: «¿Quién es la persona más importante que hay en esta sala?». Luego, hago una pausa y espero unos segundos, mientras la gente lucha con la posible respuesta. Algunos dirán: «¡Yo!», mientras que otros afirmarán: «¡Tú!». Después de una pausa deliberada, continúo diciendo, refiriéndome a todos: «¡Tienes razón! ¡Tú eres la persona más importante que hay en esta sala!».

Luego, hago una pausa de unos segundos para dejar que la audiencia asimile esa afirmación y continúo diciendo: «¡Tú eres la persona más importante que hay en tu vida! ¡Tú eres la persona más importante en tu mundo! ¡Tú eres importante para todas las personas que te rodean! Lo importante es que sepas que la forma en que te sientas determinará en gran medida la calidad de tu vida». Luego, paso a explicar la importancia del respeto por uno mismo y de la autoestima. Explico que lo que una persona piensa acerca de sí misma determina la calidad de sus relaciones con los demás tanto en su ámbito personal como en su vida laboral.

4. *La pausa para completar oraciones.* Es cuando haces una declaración o citas una línea con la que los presentes están familiarizados. Al decir la primera mitad de la frase, el público se une en coro y completa junto contigo la parte que falta. Esto hace que la gente se involucre más de cerca contigo y que escuche con mayor atención lo que estás diciendo.

Cuando hablo de cómo las empresas se están volviendo cada vez más competitivas y menciono que debemos aumentar continuamente nuestro propio nivel de competencia si queremos sobrevivir, digo:

«Cada vez que las cosas se pongan difíciles...», hago una pausa y espero mientras la gente en la audiencia complete la frase diciendo: «... ponte en marcha».

Siempre que utilices esta técnica, debes acostumbrarte a detenerte y esperar hasta que el público se pronuncie y complete la parte de la frase que hace falta. Luego, repites las palabras que hicieron falta para terminar la idea. De ese modo, obtendrás la atención total de la audiencia.

## El tono de voz

Cuando quieras enfatizar un punto en particular, habla más alto y más fuerte. Mientras mayor fuerza y énfasis pongas en una declaración, mayor relevancia e importancia le darán tus oyentes. Por el contrario, si quieres compartir algo sensible o emotivo, baja la voz y habla en un tono más íntimo.

En una buena charla, tu velocidad al hablar deberá ser más rápida y más lenta, más fuerte, más suave e interrumpida por una variedad de pausas. Sí, generarás dramatismo y énfasis en tus palabras, permitiendo a la vez que la gente respire y vaya a la par contigo. Entre más varíes los diversos elementos vocales que usarás en tu charla, más interesante y agradable será para tu audiencia, no importa cuál sea el tema.

## El aspecto físico de la voz y la garganta

Tu voz es el instrumento con el que hablas y persuades. Por lo tanto, hay cosas que puedes hacer para asegurarte de que tu voz y tu garganta estén funcionando al máximo.

La energía es fundamental para una buena oratoria, así como para la proyección apropiada de la voz. Antes de una conferencia corta, debes comer algo suave. Esto te garantiza que estarás brillante y alerta al hablar y que tu cerebro estará funcionando con la mayor claridad posible.

Antes de una charla más larga, como un seminario de medio día o de un día completo, es fundamental comer bien. Lo mejor que puedes consumir es proteína. Un desayuno o un almuerzo que incluya buena proteína te dará energía para quemar durante cuatro o cinco horas. La proteína es alimento para el cerebro y la necesitas para pensar y hablar con eficacia. Tu voz permanecerá fuerte y tu mente estará despejada y clara.

Para garantizar la mejor voz posible, bebe únicamente agua a temperatura ambiente, antes y durante tu discurso. El agua fría, comúnmente servida con cubitos de hielo, puede enfriar tus cuerdas vocales y disminuir el nivel de claridad y calidez que hay en tu voz.

Habrá ocasiones en las que tendrás problemas con tu voz. Cuando tienes dolor de garganta puede resultar difícil hablar con claridad y proyectar tu voz hasta la última fila de la audiencia. Si esto ocurre, bebe agua caliente con mucha miel y jugo de limón. Esta milagrosa combinación me ha salvado en varias ocasiones.

Debido a los vuelos largos y a las noches cortas, me duele la garganta más o menos una vez al año. Sin embargo, al beber agua caliente con miel y jugo de limón constantemente durante mis seminarios, mi garganta permanece clara y mi voz sigue siendo fuerte. He podido hablar durante ocho horas, desde la mañana hasta la noche, con dolor de garganta, masajeando mis cuerdas vocales con agua caliente, miel y jugo de limón. Te recomiendo que hagas lo mismo.

## Resumen

Entrenar y usar tu voz como un instrumento musical, variando tu tono y tu velocidad, permitiendo silencios en medio de tu presentación y haciendo llegar tu mensaje hasta la última fila de la audiencia te permitirá hablar con poder en cada presentación.

CAPÍTULO 9

# Trucos del oficio. Técnicas del buen orador

*Una de las mayores satisfacciones que uno puede sentir con respecto a sí mismo proviene de la certeza de saber que tiene la capacidad de hacer bastante bien alguna cosa.*

—HORTENSE ODLUM

Desarrollar tu capacidad como orador requiere tiempo, horas de preparación y ensayos para perfeccionar tus habilidades. Los oradores magistrales llevan años practicando la voz, su perspectiva y su estilo de presentación únicos. Han aprendido a utilizar su cuerpo, su voz y técnicas específicas de presentación con el fin de transmitir una información que resulte significativa y entretenida para el público. Que un orador siempre sea bien recibido y obtenga comentarios positivos tanto del público como de los organizadores del evento es lo que diferencia a un orador básico de uno experto. También determina lo que se le pagará por hablar.

Puedes seguir las mismas técnicas de los oradores magistrales y desarrollar tu oficio. Hay muchas cosas que puedes hacer. Puedes aprender a tener mucha energía, entusiasmo y vitalidad para motivar y captar a tu público. Puedes garantizar que tu contenido sea valioso conociendo a tu audiencia de antemano y hablando específicamente de sus necesidades. Gracias a la planificación y la preparación, puedes estar seguro de que tu discurso será claro y de que tu mensaje tendrá impacto.

El orador experto también ha desarrollado confianza a través de la experiencia y ha aprendido a establecer una presencia escénica. Se puede notar que los oradores más conocidos son capaces de alternar entre una presentación llena de energía y un estilo de conversación más informal. Estos oradores se sienten cómodos interactuando con la audiencia de diferentes maneras y saben qué estilo conecta mejor con el público y el tema.

Una de las mejores maneras de aprender los trucos del oficio es estudiar a otros oradores y fijarse en lo que hacen. Al igual que en cualquier otro campo, mientras más aprendas, practiques y apliques, mejor serás. En este capítulo, compartiremos algunas de las técnicas que los oradores del más alto nivel utilizan para conectar e inspirar a su público.

**—CHRISTINA**

Hoy hay en Estados Unidos alrededor de unos 10.000 oradores a tiempo completo o parcial que están dentro de la categoría de profesionales. El 20 % de ellos gana el 80 % del total de los honorarios pagados en esta industria. Esto significa que 2.000 oradores ganan cuatro veces más que el otro 80 % combinado.

El 20 % superior del 20 % superior de ellos (el 4 %, aproximadamente, 400 personas) gana el 80 % de los honorarios por conferencias y capacitaciones pagadas a los mejores del gremio.

El 20 % superior del 20 % superior del 20 % superior, es decir, el 0,8 % de todos los conferencistas, equivalente a 80 personas, gana 25.000 dólares y más por una exposición de tan solo veinte minutos.

Además, ellos suelen tener su agenda llena y ganan más de 1.000.000 de dólares por año. Algunos ganan incluso más.

Ahora, el entrenador de expositores promedio que trabaja a tiempo completo en Estados Unidos gana al menos más de 500 dólares al día. Esto, aunque los mejores oradores sobre temas similares suelen ganar 25.000, 50.000 e incluso 100.000 dólares por presentación.

¿Cuáles son las principales diferencias entre los oradores peor pagados y los astronómicamente bien pagados? Esto es algo sobre lo que he estudiado y trabajado durante más de veinticinco años.

## Los oradores mejor pagados

Para empezar, la mayoría de los expositores mejor pagados pertenece a la categoría de los «oradores célebres». Se trata de personas que son famosas y conocidas por algún logro en la política, los deportes o los negocios. Con frecuencia, los escritores también se convierten en oradores célebres muy bien pagados, al menos por un tiempo.

La mayoría de los oradores es contratada por planificadores de reuniones o altos ejecutivos que quieren que ellos se dirijan a sus organizaciones, asociaciones o reuniones de negocios. El objetivo del planificador de reuniones es atraer a la convención o evento la mayor cantidad de personas posible. Las reuniones anuales de las organizaciones suelen ser importantes fuentes de ingresos para los planificadores, los cuales contratan oradores que contribuyan a dar a conocer y a financiar las operaciones de sus organizaciones a lo largo del año. Cuanto más famoso sea el nombre del orador, más personas se inscribirán, pagarán las tarifas requeridas por la convención y asistirán a cada reunión programada.

En 1991, el general Norman Schwarzkopf dirigió al ejército durante la exitosa Operación Tormenta del Desierto en la Guerra del Golfo contra Irak. Cuando se jubiló, de inmediato se convirtió en un destacado orador en el tema del liderazgo. Comenzó a recibir hasta mil invitaciones al año para hablarles a grupos empresariales y organizacionales en todo Estados Unidos, Canadá y el resto del mundo. Sus honorarios siempre excedían los 100.000 dólares por presentación.

El mismo día en que se jubiló, se fue caminando desde donde fue la ceremonia oficial de su retiro en Nueva York y, a pocas cuadras, pronunció en un almuerzo su primer discurso como civil. Ganó más con esa sola charla que lo que obtuvo en seis meses como general al mando de 330.000 soldados en la Operación Tormenta del Desierto.

## Los oradores expertos

El segundo nivel de oradores bien pagados, pero no necesariamente famosos, está compuesto por aquellos que hablan muy eficazmente sobre un tema de considerable importancia para muchas empresas y organizaciones. En muchos casos, son expertos de la industria que han tenido éxito en sus campos de acción y luego fueron ingresando al mundo de la oratoria profesional.

Los oradores expertos —los que hablan sobre negocios, ventas, gestión, liderazgo, desarrollo personal y profesional, y también los humoristas— siempre están contratados, porque complacen a sus audiencias de manera constante, lo que hace que su reputación sea cada vez mayor.

## Dos cualidades de los mejores oradores

Los mejores oradores, en cualquier categoría, sean célebres, expertos o no, tienen dos cualidades importantes.

1. *Altos niveles de energía y vitalidad.* Saben involucrarse con sus audiencias y lo hacen con verdadero entusiasmo. Son cálidos, amigables y simpáticos. Es claro que son felices con el público y que

disfrutan compartiendo sus ideas con personas a las cuales tratan como amigos y colegas.

2. *Excelente contenido y exposición*. Debido a que escuchar a un orador es una actividad de «infoentretenimiento» y la gente siempre está interesada en escuchar y aprender nuevas ideas, los oradores de alta calidad se enfocan en compartir un excelente material con sus audiencias. Tendrán éxito a largo plazo, pero solo si hacen presentaciones eficaces, merecedoras de alto reconocimiento. La gente debe salir asintiendo con la cabeza y hablando sobre el gran trabajo que hizo el orador en su tema. Deberá estar ansiosa por escucharlo nuevamente.

## Otras cosas que los oradores profesionales hacen bien y que tú también debes hacer bien

Incluso si no tienes la intención de convertirte en un orador profesional, saber qué hace que ellos se destaquen ante el público es útil para aprender a ser un mejor orador en tus propios círculos de acción. Las siguientes son algunas de sus reglas.

### Complacer al planificador de la reunión

En la industria de las reuniones, la recomendación personal es el factor más importante y determinante a la hora de elegir y contratar repetidamente a un orador. Antes de que un planificador de reuniones contrate a un orador, sobre todo a uno caro, debe estar convencido de que esa persona atraerá a muchos asistentes y además complacerá al público.

Por esa razón, en esta industria decimos con frecuencia que el trabajo del orador es hacer que el planificador de la reunión quede bien frente a todos los interesados. Cuando contrata a un excelente orador y los asistentes están contentos, son los mismos asistentes quienes felicitan a los altos ejecutivos por la elección del orador.

Como resultado, el planificador queda bien y, a menudo, recibe una felicitación o una bonificación e incluso un ascenso. Por lo general, esto hace que te vuelva a contratar y te recomiende a otras personas.

Por ejemplo, una vez me contrataron para hablar en la reunión anual de una corporación Fortune 1000. La secretaria del presidente era fan mía y ya antes había hablado con él acerca de los beneficios de mis presentaciones, así que me recomendó como el orador principal de la próxima reunión de la empresa. El presidente nunca había oído hablar de mí, así que se mostró reacio a invitar a una reunión que era tan importante a alguien que él no conocía. Sin embargo, ella lo convenció de que yo era una buena elección.

La presentación transcurrió muy bien y recibí una gran ovación. Algunas semanas después, me llegó un mensaje de ella diciéndome que su jefe estaba tan contento con mi charla que la había ascendido al área gerencial y le dieron un aumento de 4.000 dólares.

La reputación de un orador, bien sea positiva o negativa, se difunde rápidamente. La regla es que eres tan bueno como tu último discurso. Antes de que alguien contrate a un orador profesional, debe estar convencido de que tanto su jefe como el público estarán contentos y satisfechos con el resultado.

## Conocer a otros oradores

Incluso si tu único objetivo es saber cómo hablar eficazmente en tu negocio o en tu círculo social, procura utilizar a los mejores oradores profesionales como modelos para aprender al respecto. Como ellos, tú también deberías asistir a todas las charlas y seminarios que puedas. Toma nota. Observa cómo interactúan con la audiencia antes del seminario y cómo pronuncian sus discursos una vez se ponen de pie frente al público.

Cuando asistas a un discurso o seminario de cualquier tipo, haz todo lo posible por conocer y estrechar la mano del orador. Agradécele por estar ahí. Dile que estás deseando escuchar lo que va a decir. Hay algo en este tipo de contacto personal que te contagia y te ayuda a irte convirtiendo cada vez más en un mejor orador.

### Dedicar tiempo a estudiar, investigar y prepararse

Hay varias reglas que tanto los oradores célebres como los expertos necesitan seguir para llegar a los niveles más altos de ingresos y fama. Primero, como he dicho repetidamente, los oradores profesionales y famosos se preparan a fondo. No es raro que dediquen diez horas a leer, revisar, reorganizar y practicar, preparándose para dar una charla de una hora de duración.

Además, investigan lo más que pueden acerca de los miembros de la audiencia frente a la cual van a estar. Se interesan en saber sobre sus edades promedio y acerca de cuáles son sus ocupaciones y posibles intereses. También preguntan quiénes han sido los oradores que ya se han dirigido a ellos y lo que les gustó o no les gustó al respecto. Lo otro que quieren saber es acerca de sus niveles de ingresos y responsabilidades.

Los oradores profesionales también estudian los folletos y cualquier otra información de las empresas que los contratan y revisan al detalle sus sitios web. Lo otro que estudian es la industria a la cual estas pertenecen y se familiarizan con sus principales eventos y tendencias.

### Ser claros en cuanto al objetivo

Como orador profesional, tu mayor interés es lograr claridad total con respecto a por qué el organizador de la reunión te contrató. Recuerda que el objetivo es hacer que él quede bien y solo podrás lograrlo si tienes absolutamente claro qué es lo que quiere que logres.

Por eso, siempre les pregunto a mis clientes con anticipación qué es aquello que les gustaría que la gente diga y haga como resultado de mi charla. Una vez que ambos tengamos claro este objetivo, organizo mi presentación totalmente enfocada en lograrlo. Es ese objetivo lo que se convierte en mi medida de efectividad.

No hace mucho, el líder de una gran organización me dijo: «Tu charla fue la mejor que he escuchado en dieciocho años. Cubriste cada punto que acordamos, tal y como lo prometiste».

Luego, me dijo que muchos otros oradores le han prometido personalizar sus charlas enfocándolas en su empresa, pero nunca lo han hecho. Hay una creencia entre muchos oradores de que «es más fácil conseguir una nueva audiencia que desarrollar una nueva presentación». Lo que hacen los oradores con esta actitud es simplemente reorganizar las mismas ideas de siempre y las presentan una y otra vez, sin importarles para quién es la presentación. Debo decir que es precisamente esa mentalidad la que hace que no duren mucho en esta industria.

### Conocer a sus clientes

Cada empresa y organización tiene un lenguaje especial, junto con una historia, un tipo de cultura empresarial y unos acontecimientos específicos que la caracterizan. Un buen orador debe estar tan familiarizado con todos estos aspectos de su cliente que sea capaz de abordar el tema a tratar de una manera tan eficiente que los oyentes tengan la sensación de que él también trabaja día a día con ellos en su empresa o industria.

### Planificar y organizar el material

Los oradores profesionales planifican y organizan sus charlas con mucha antelación. Escriben y reescriben continuamente su material, ubicando hacia adelante o hacia atrás algunas observaciones y comentarios que son parte de la presentación según lo crean necesario. Buscan siempre la forma de exponer sus puntos de la manera más amena y efectiva posible.

### Revisar y ensayar

Revisa y ensaya tu discurso una y otra vez, incluso si ya has hecho esta misma presentación muchas veces. Nunca confíes en tu memoria ni en tu experiencia. Así como un piloto revisa siempre punto por punto de su lista de verificación en cada vuelo, el orador profesional también revisa cada punto de su presentación y continúa haciéndolo hasta el momento en que ya está frente al público.

## Visitar la ubicación

Los oradores profesionales llegan temprano y revisan cada detalle del lugar donde van a hacer su presentación, tal como un general estudiaría uno a uno cada detalle del campo de batalla. Su propósito siempre es asegurarse de revisar los tres factores más importantes para ellos en cada salón de reuniones: el sonido, la iluminación y la temperatura. Está visto que, casi siempre, termina siendo necesario cambiar por completo o arreglar todos o alguno de estos tres aspectos que son esenciales para que la presentación tenga éxito.

Se dice que las cámaras de video están diseñadas de tal modo que también puedan enfocarse en un solo rostro. De igual modo, en el caso de los oradores, el público asiste a sus charlas por una razón primordial: para verlos. Todo lo demás lo pueden conseguir leyendo un libro o escuchando un programa de audio. La cara del orador es el foco y centro de atención en toda presentación.

Es por eso que las configuraciones de algunos salones de reunión me dan vergüenza. Por ejemplo, en algunos hoteles preparan el escenario de tal manera que el orador esté parado frente al público casi en medio de la oscuridad. Las luces están enfocadas a pocos metros de distancia del escenario. Entonces, cuando el presidente de una empresa se levanta para hablar, la gente del público apenas puede verle el rostro. A menudo, nadie parece darse cuenta ni preocuparse por el funcionamiento apropiado de este tipo de cosas.

## Relacionarse con la audiencia

Los oradores profesionales saludan a los asistentes antes de comenzar la charla y tratan de relacionarse con ellos. Les preguntan qué hacen y otras cosas por el estilo. Cuando los miembros de una audiencia te ven mezclándote y relacionándote con ellos antes de tu presentación, les agradas más y se convierten en una audiencia más positiva y solidaria contigo. Entonces, cuando te paras frente a ellos para comenzar a darles tu mensaje, ya los has conquistado.

### Aprender los nombres de las personas clave

Una de las cosas más importantes que hace un orador profesional es aprenderse los nombres de las personas clave para luego hacer referencia a ellas en el transcurso de la charla. A veces, pongo palabras en la boca de las personas clave que están en la reunión. Digo algo como: «Su presidente, William Henry, siempre está enfatizando la importancia de la calidad en todo lo que ustedes hacen o les entregan a sus clientes».

Con seguridad, si digo esto, es porque lo leí en algún informe anual, en un mensaje o un correo electrónico del presidente, o porque se lo oí mencionar en su discurso introductorio. Las personas siempre se sienten halagadas cuando, desde el escenario, te refieres a ellas de manera positiva.

### Aprender a comenzar y a cerrar

Los oradores profesionales planifican minuciosamente sus aperturas y cierres. Además, los ensayan una y otra vez. Saben con exactitud cómo seguir adelante y cómo ir terminando su intervención.

También revisan su introducción junto con la persona encargada de presentarlos, de tal modo que todos sus datos hayan quedado claros. Ten presente que la forma en que un presentador hace la introducción marca el tono para el orador, así que no conviene dejarla al azar. Una buena introducción se redacta con cuidado, de tal forma que despierte el interés y la expectativa en ti como orador.

## MARGARITA

Jamás dejes al azar los datos con los que te van a presentar. La presentación previa a que salgas al escenario es muy importante, porque le dice a la audiencia por qué deben escucharte y genera autoridad en el tema a tratar.

Hace unos diez años no tenía tan claro este punto y llegué a dar una conferencia en Atlanta, Georgia. Para mi sorpresa, la persona encargada de presentarme empezó a mencionar de qué colegio me había graduado y un montón de puntos totalmente irrelevantes que obviamente había sacado de internet. Desde entonces tomé la decisión de hacer un video introductorio que actualizo con frecuencia y con el cual soy presentada en todas mis conferencias. Al proveer mi video, el maestro de ceremonias solamente tiene que decir que va a presentar un video sobre la siguiente conferencista.

En mi video menciono brevemente los desafíos que tuve con mi salud mental y cómo empecé mi primer negocio lavando carros en Miami. Esto me ayuda a conectar con las personas y a que muchas puedan identificarse conmigo.

Luego menciono premios, reconocimientos y a algunos de los oradores más grandes con los que he compartido escenario. Esto eleva mi autoridad en el campo del desarrollo personal.

En el video también menciono algunos de los medios de comunicación reconocidos en los que he sido presentada, como revistas y canales de televisión.

Finalmente explico cuáles son mis áreas de mayor experiencia y el impacto de mi empresa a nivel global. Todo con el fin de que conozcan brevemente mi trayectoria, generar entusiasmo y que sientan curiosidad por escucharme.

Si bien parece mucho contenido, el video dura dos minutos, y tengo una versión más corta de noventa segundos. La idea no es hacer un documental de tu vida, sino una introducción con los puntos relevantes que te posicionan ante la audiencia que te va a escuchar.

Si no tienes cómo hacer un video, por lo menos asegúrate de que tú o alguien de tu equipo escriban tu introducción y se la entreguen a la persona que te va a presentar. No dejes esto nunca al azar, es más relevante de lo que crees y generará una gran apertura en tu audiencia.

Ahora, escribe aquí algunas ideas del contenido que puedes usar para ser presentado a tu audiencia. Rellena solamente los campos que apliquen a tu caso particular.

Algo relevante de tu historia personal de superación:

________________________________________

________________________________________

________________________________________

Años de experiencia y en qué temas:

________________________________________

________________________________________

________________________________________

Diplomas, grados, postgrados y doctorados vinculados con los temas que desarrollas:

________________________________________

________________________________________

________________________________________

Medios de comunicación en los que hayas aparecido:

________________________________________

________________________________________

________________________________________

Personas con las que has compartido escenario:

__________________________________________

__________________________________________

__________________________________________

Libros o estudios publicados:

__________________________________________

__________________________________________

__________________________________________

Premios o reconocimientos:

__________________________________________

__________________________________________

__________________________________________

Logros relevantes al tema a tocar:

__________________________________________

__________________________________________

__________________________________________

__________________________________________

Otros datos que puedan ser de interés para tu audiencia:

__________________________________________

__________________________________________

__________________________________________

### Involucrar a la audiencia

Los mejores oradores atraen a la audiencia desde que pronuncian las primeras palabras. Muchos suelen comenzar haciendo silencio. El objetivo en ese caso es centrar a la audiencia bien sea haciendo silencio o mediante un comentario de apertura que capte la atención del público. A menudo, subo al escenario, permanezco en silencio durante unos segundos y luego digo en un tono cálido: «Gracias por estar aquí. Les aseguro que les encantará lo que voy a decirles».

Esta apertura responde a la pregunta tácita de la audiencia: «¿Será esta una buena presentación?». Por supuesto, mis palabras son una respuesta inmediata que deleita al público. Todos sonríen y se relajan, pues su pregunta clave ha sido respondida con esas pocas palabras de inicio.

Los oradores profesionales saben mantener a los miembros de la audiencia al borde de sus sillas. Lo logran lanzando preguntas, haciendo pausas y luego dando las respuestas. Las explican y enfatizan los puntos clave en cada una de ellas. También cuentan historias para ilustrar sus mensajes.

### Tratar a los presentes como amigos

Los oradores profesionales tratan a los miembros de sus audiencias como amigos. Sonríen como si estuvieran contentos de verlos y como si fuera un verdadero placer tener la oportunidad de compartir sus ideas con ellos. La audiencia sabe al instante si te agrada estar allí y si te sientes bien con ellos. Lograrás transmitirles este sentimiento siendo encantador y sonriendo cálidamente incluso desde antes de abrir la boca.

### Utilizar todos los métodos de oratoria posibles

Cuando empiezan a hablar, los oradores profesionales les prometen a sus audiencias que lo que ellos están a punto de decir será realmente interesante y útil. A menudo, cuentan una historia sobre alguien que escuchó estas mismas ideas que ellos van a compartir y a partir de ahí hubo un cambio positivo e importante en su vida. Como verás, los mejores oradores usan una serie de recursos retóricos y otros métodos que se han desarrollado y utilizado en el escenario o en películas durante muchos años.

También usan el silencio para centrar a su audiencia y darle tiempo para enfocarse o digerir los puntos clave expuestos. Usan pausas antes de estos o inmediatamente después, con el fin de detallarlos y enfatizarlos. Hacen preguntas continuamente. Debido a que las personas estamos condicionadas a responder preguntas, cuando el orador hace una, los miembros de la audiencia la responden, así sea solo para sí mismos.

Hay un dicho en el campo de las ventas que afirma que la persona que hace las preguntas es la que tiene el control. Cuando haces una pregunta, captas la atención total de los miembros de tu audiencia durante el tiempo que ellos duren en responderla. De inmediato, sus mentes se enfocan en la pregunta, sobre todo si se trata de una que tiene diferentes respuestas.

**MARGARITA**

Preguntar es una de las herramientas más poderosas de la oratoria. Los seres humanos hablamos seis veces más rápido con nosotros mismos que con los demás. Así que la mejor forma de interrumpir ese diálogo interno y que te presten atención es preguntar algo. Además, las preguntas demuestran interés en tu audiencia, ayudan a reflexionar y también sirven para romper el hielo.

Hace unos años creé un taller para ayudar a adolescentes a manejar sus mentes, aumentar su inteligencia emocional y elevar su autoestima. El taller duraba dos días y se impartía los fines de semana. Los sábados en la mañana veía a estos jóvenes llegar como «regañados», ya que eran enviados por sus padres y a la mayoría de ellos no les divertía la idea. Entonces iniciaba el taller con una pregunta que les causaba risa y rompía el hielo. La pregunta era la siguiente: «Levanten la mano, ¿a cuántos de ustedes los mandaron sus padres obligados y preferirían estar durmiendo a esta hora o haciendo otra cosa?». Casi por arte de magia sus caras cambiaban y se conectaban no solo conmigo, sino también con los otros participantes al ver que todos tenían algo en común.

Luego procedía a decirles algo muy parecido a lo que mencionó Brian unos párrafos atrás: «Les prometo que al final de este taller van a sentir una gran paz interior, mucha motivación, van a tener nuevos amigos y voy a dejar de ser la bruja que los hizo madrugar un sábado». De estos talleres solo tengo recuerdos impactantes. Ver cómo se transformaban estos jóvenes adolescentes y escuchar los testimonios de sus padres me provoca una sonrisa hasta el día de hoy.

En mis videos para las redes sociales suelo también empezar con una pregunta. Recuerda, las personas están deslizándose por cientos de videos, y si haces una pregunta que conecta con ellos, es mucho más probable que se detengan a escucharte. He aquí varios ejemplos de algunas preguntas que he usado en mis videos de redes sociales: ¿Sientes que el estrés te está matando? ¿Sabes cuáles son los tres ladrones de tu felicidad? ¿Trabajas como mula, pero no ves los resultados que quieres? ¿El dinero es una preocupación constante en tu vida? ¿No sabes de dónde vendrá tu próxima venta?

Ahora, teniendo en cuenta tu avatar, escribe cinco preguntas que pueden tocar sus dolores o metas, y te pueden ayudar a captar su atención o a romper el hielo:

________________________________________

________________________________________

________________________________________

________________________________________

## Seguir cambiando de marcha

Hablar no es vender. Los oradores profesionales son expertos en cambiar de marcha a lo largo de sus presentaciones. Lo logran haciendo preguntas y luego respondiéndolas; utilizando pausas dramáticas y prolongadas; haciendo silencios antes o después de exponer puntos clave; haciendo una pausa dramática en la mitad de una frase, antes de presentar toda la idea principal.

Además, son maestros en el uso del tiempo. Cuentan una historia en partes, haciendo pausas e implementando el dramatismo; a veces, se desvían y hablan de otra cosa relacionada con el tema para luego volver a la historia; también cuentan chistes. El siguiente relato es un ejemplo de lo que quiero decir.

> Muchas personas se niegan a aceptar la responsabilidad que tienen con respecto a la situación que están viviendo. Esto me recuerda la historia de Juan y Alfredo, que venían de España hace muchos años en un viejo buque y este se topó con una fuerte tormenta en el Atlántico Norte.
>
> Al ver eso, Juan va corriendo hacia Alfredo y le dice: «¡Alfredo, Alfredo, este buque está naufragando! ¡Está naufragando!».
>
> Alfredo le responde: «¿Qué nos importa? ¡Después de todo, este buque no es nuestro!».
>
> Bueno, ¡todo lo que pase en esta empresa es asunto tuyo!

### Darle tiempo a la audiencia para que asimile el mensaje

Los oradores profesionales cuentan historias cuyo contenido dramático y reflexivo ilustra el punto que ellos están explicando. Luego, le dan tiempo al público para que asimile la historia. Les permiten a los presentes procesar el punto que ellos han planteado. Observan sus caras y esperan hasta que les queda claro que la gente realmente entendió.

De manera similar, cuando cuentas un chiste, es muy importante que le des tiempo a la audiencia para reírse hasta que las risas comiencen a apagarse. Solo entonces, continúas con tu charla.

Al público le gusta que el orador lo entretenga. La gente disfruta riéndose. No les quites el tiempo que ellos necesitan para pensar y digerir tus ideas, ni tampoco el tiempo para reír después de que tú mismo les has dicho algo gracioso.

### Utilizar tanto la voz como el cuerpo

Los oradores profesionales hablan un poco más alto para inspirar confianza en lo que están diciendo. También usan más su cuerpo, moviendo sus brazos, asintiendo con la cabeza, sonriendo y mostrándose realmente animados.

Por ejemplo, cuando quieras resaltar un punto importante, expande los brazos o aumenta el volumen. Cuando quieras sugerir intimidad, junta los dedos y las manos suavemente mientras te inclinas hacia la audiencia.

Deja caer tus brazos. Cuando hablas, tu postura natural debe ser con los brazos a los costados, no levantados en posición de Tiranosaurio Rex.

Toca ligeramente las yemas de los dedos para enfatizar la idea clave. Mantén la cabeza y el mentón erguidos, mostrando confianza en tus palabras.

Sobre todo, sonríele cálidamente al público. Guiña un ojo como San Nicolás. Diviértete. Sé feliz. Habla como si esta fuera una experiencia maravillosa para ti, mostrando que estás disfrutando cada minuto.

**MARGARITA**

### Interactúa con tu audiencia

Así como Brian nos pide que le demos tiempo a la audiencia para reírse, a mí me funciona muy bien permitirle contestar las preguntas que hago, tanto en su mente como a veces literalmente, pidiendo que algunos me den su respuesta.

Cada vez que voy a participar en un evento como conferencista, les pido a los organizadores que haya dos personas con micrófonos de mano en la audiencia, así puedo escuchar la respuesta de una o varias personas a las preguntas que hago. Por ejemplo, si voy a hablar de inteligencia emocional, empiezo con la pregunta: «¿Quiénes aquí tienen altos niveles de estrés?». Generalmente, una gran parte de la audiencia levanta la mano. Luego me dirijo a alguno de ellos y le digo: «Tú, el de la camisa roja, ¿nos puedes compartir cuáles son algunas de las cosas que te tienen estresado?». Los ayudantes le llevan el micrófono y así todos escuchamos las respuestas de dos o tres personas. Esto me ayuda a entenderlos mejor y a fortalecer mi siguiente punto, que es: *nada de lo que pasa afuera es lo que te está estresando*, y luego procedo a explicarles por qué.

Hay muchas maneras de interactuar con tu audiencia: pidiéndoles que levanten la mano si se identifican con X enunciado, haciendo que se pongan de pie las personas que se identifiquen con tal o cual cosa, bajándote del escenario y formulándoles directamente una pregunta, poniéndolos a hacer un ejercicio o reflexión y permitiendo que un par de ellos compartan sus conclusiones, y otras cosas por el estilo. Para mí, la audiencia lo es todo, así que trato de estar muy cercana a ellos y de involucrarlos en el desarrollo de la conferencia. Si estoy hablando por Zoom o redes sociales, igual hago preguntas y leo algunas respuestas. Puedo decir: «De uno a diez, siendo uno muy bajo y diez muy alto, ¿qué tan motivados están por aprender a vender?». E inmediatamente todos podemos ver las respuestas en pantalla. También puedes pedir que te pongan corazones o algún emoticón si han aprendido algo hasta ahora. Una de mis cosas favoritas es que me escriban de dónde se conectan y así tienes un mejor entendimiento de tu audiencia.

En conclusión, entiendo que la oradora o mentora soy yo, pero más que un monólogo me gusta que haya quizás un 15 % de interacción con mi audiencia para que se sientan escuchados y participen en el resultado final del evento o conferencia.

## Resumen

En última instancia, la única manera de aprender a hablar es hablando, hablando, hablando y hablando. Cuando te preparas, practicas y ensayas una y otra vez, incorporando más y más estas estrategias que usan los oradores profesionales en sus presentaciones, te vas convirtiendo más y más en un orador fascinante al que invitarán una y otra vez a todas partes. Solo así, ganarás cada vez más dinero por cada presentación.

CAPÍTULO 10

# Controla tu espacio

*No podemos hacer que llueva, pero sí podemos asegurarnos de que, cuando la lluvia caiga, el suelo ya esté bien preparado para la siembra.*

—HENRI NOUWEN

Cuando hablas, captas la atención de tu público con tu contenido y técnicas de presentación, pero también tienes que facilitarles que te oigan, te vean y se enfoquen en ti. Uno de los factores clave de tu éxito como orador es la configuración de la sala en la que hablas.

Las investigaciones sobre la atención demuestran que la gente necesita sentirse relajada y alerta para prestar atención y aprender algo nuevo. Cuando le enseñas algo a tu público, necesitas que te escuchen y entiendan tu mensaje. Para ello, asegúrate de que el sonido, la iluminación y la temperatura sean ideales.

Si el público no te oye bien, se sentirá frustrado por no poder entender lo que dices. Esto significa que debes asegurarte de que proyectas tu voz, utilizas un micrófono y hablas con claridad.

Si el público no puede verte, tendrá dificultades para seguir tu presentación. Tu audiencia quiere verte la cara y observar tus expresiones faciales para entender perfectamente tu mensaje.

La mayoría de las personas aprenden visualmente, y ver cómo te comprometes con el contenido inspira su compromiso con el contenido. Si no pueden ver cuánto te importa, no se sentirán inspirados por tu charla.

Tu objetivo es que el público se encuentre físicamente cómodo para que disfrute de la charla y haga suyo el mensaje. Esto se consigue controlando la temperatura de la sala.

En este capítulo vamos a hablar más sobre las consideraciones físicas a la hora de hacer tu presentación y a desglosar las áreas de iluminación, sonido y temperatura para enseñarte qué elementos debes tener en cuenta al planificar tu charla. Exploraremos algunos de los problemas más comunes que se les plantean a los oradores y te enseñaremos qué hacer en esas situaciones.

**—CHRISTINA**

Una de las claves determinantes de tu éxito como orador está relacionada con el lugar en el cual haces tu presentación. Por esto, es crucial inspeccionarlo con mucho cuidado y prepararlo tanto como sea posible para que todo esté bajo control.

Existen tres especificaciones físicas que son indispensables al momento de hablar en público. Estas son (1) sonido; (2) luz; y (3) temperatura. Son las tres áreas que hacen que las cosas salgan bien o mal en una conferencia. Con seguridad, has oído decir que la Ley de Murphy afirma que todo lo que está por salir mal, saldrá mal. Esta ley pareciera haber sido descubierta por oradores que estaban impartiendo charlas y seminarios en hoteles y salones de convenciones.

## Las mentiras que dice la gente

La primera regla que hay que tener en cuenta a la hora de realizar cualquier tipo de discurso en público es saber que los hoteles y lugares de convenciones mienten. Aprendí esto cuando comencé mi carrera como orador y ha quedado demostrado una y otra vez que el 90 % de las veces, *los hoteles y los sitios de reuniones mienten.*

Es casi como si las personas que organizan las instalaciones para las convenciones, seminarios y discursos hubieran tomado un curso especial en la diversidad de mentiras, distorsiones y medias verdades que deben decirles a los planificadores de reuniones y a los oradores, sobre todo, en el día y en el momento de la presentación.

## La excusa del reglamento contra incendios

Una de sus mentiras favoritas está relacionada con el «reglamento contra incendios». Siempre dicen que no pueden hacer ni cambiar algo que es necesario modificar debido a que va en contra de esos reglamentos. Lo cierto es que lo que no quieren es tener que cambiar nada que tenga que ver con la configuración del salón. Sus afirmaciones sobre estos reglamentos son invariablemente falsas, pero intimidan al organizador de reuniones inexperto y hacen que él desista de cualquiera que sea su petición.

Cada vez que escucho eso, simplemente les digo: «Mi padre es inspector de incendios y estoy bastante familiarizado con estas normas. Por favor, muéstrenme donde dice en las regulaciones que no está permitido organizar el salón de esta manera». Esta confrontación siempre los sorprende y de inmediato dejan de sacar excusas y comienzan a cooperar. He visto suceder esto una y otra y otra vez en cientos de instalaciones.

## «Está controlado por la computadora»

Otra excusa que te dan es que «la iluminación está controlada por la computadora. No hay nada que podamos hacer al respecto hasta que llegue el ingeniero».

Por alguna razón, el ingeniero nunca está presente en las instalaciones ni se encuentra disponible de inmediato. Está en una reunión, de vacaciones o arreglando otra emergencia en otra parte.

## Cómo lidiar con las mentiras que dice la gente

La clave para tener éxito en la organización de las instalaciones que vas a usar es que seas amigable, educado y encantador, pero al mismo tiempo gentilmente insistente con el personal. Tu objetivo debe ser no hacer que ellos se enojen contigo desde el comienzo del proceso, pues son los únicos que pueden ayudarte. Sin embargo, hay algunas cosas que tendrás que hacer para obtener ciertos resultados.

### Amenaza si es necesario

Un día, estaba dando un seminario en Tampa, Florida. La temperatura ambiente era de ochenta grados. Los asistentes sudaban, agitaban los materiales del seminario como si fueran abanicos y, en general, se veían infelices e insatisfechos. Estaban empezando a irse y a pedir que les devolvieran el dinero.

Así las cosas, le pedí al organizador que llamara a la administración del hotel y le pidiera que bajaran la temperatura del salón. Él los llamó repetidamente, pero fue en vano. Le dieron todas las excusas habituales. «El ingeniero ya está trabajando en eso; la temperatura está controlada por la computadora; estamos haciendo todo lo que podemos».

Por último, ya en el descanso, llamé a la central y les dije que, si la temperatura no bajaba y el aire acondicionado no se encendía en dos minutos, cancelaríamos el seminario, nos negaríamos a pagar el salón y los demandaríamos por pérdida de ingresos. Fue asombroso. Mientras estaba allí, pude sentir que el aire acondicionado se encendió. Después de suplicarles durante dos horas y de escuchar cada excusa imaginable, tan pronto como los amenazamos con no pagarles, el aire acondicionado empezó a funcionar y permaneció encendido durante el resto de la función.

### Niégate a pagar

Siempre animo a mis clientes a que llamen a la persona encargada de las instalaciones y le digan: «No pagaremos el alquiler del salón si el aire acondicionado no funciona de inmediato o si la temperatura sigue alta». En casi todos los casos, todas las dificultades técnicas que habían impedido un buen funcionamiento se resuelven de repente y la temperatura baja o se ajusta al nivel adecuado.

## Verifica la iluminación

La iluminación es muy importante en la presentación de un seminario. Toda la atención de la audiencia debe estar enfocada en tu cara y solo un poco a los lados. Recuerda que el 70 % de los miembros de una audiencia es «visual». Por lo tanto, ellos solo procesan información si pueden verla. El otro 30 % es «auditivo». Son personas que procesan información solo cuando pueden oírla claramente. Tu trabajo es atender y satisfacer a ambos grupos.

Cuando llegas a hacer tu presentación, el 50 % de las veces la iluminación es inadecuada. Por esta razón, debes llegar lo suficientemente temprano para poder revisar qué tan bien iluminado está el escenario antes de empezar a hablar frente al público. Si algo anda mal cuando empiezas, resulta casi imposible realizar los cambios necesarios.

### Dónde ubicar las luces

En producciones teatrales o televisivas, el personal encargado de la escenografía trabaja en la configuración y ubicación de las luces con uno o dos días de antelación. Ellos organizan la iluminación y ubican los reflectores lo más convenientemente posible para que no haya sombras en el escenario ni en los actores. Se aseguran de que cada persona se vea absolutamente clara para todos y cada uno de los participantes de la audiencia, desde todos los ángulos. Eso es lo ideal.

Como orador, debes estar completamente iluminado la totalidad del tiempo desde ambos lados, de tal modo que no haya sombras en tu rostro. No es inusual que haya luces que te iluminen desde arriba en lugar de hacerlo desde el frente, sombreando así la mitad inferior de tu rostro. Por supuesto, este efecto provoca una reacción negativa entre la audiencia.

### El fantasma de la ópera

En una ocasión, solicitamos iluminación adicional en un hotel y el administrador nos dijo (recuerda, los hoteles mienten) que había encontrado solo un reflector. Así las cosas, el personal del hotel lo llevó al salón y lo instaló a un lado, en la parte trasera de la audiencia. Por supuesto, el reflector alumbró todo el tiempo en medio de mi cara, dándome un aspecto parecido al «fantasma de la ópera» durante toda la presentación.

La reacción del público fue inmediata y negativa. La gente realmente se enojó. Muchos criticaron la presentación y nos exigieron que les devolviéramos su dinero y después se fueron. Por alguna razón, la iluminación a media cara me hacía parecer siniestro y malvado, así que la gente reaccionó de manera negativa. Nunca más volvimos a cometer el error de tener un solo reflector.

### Tu cara es lo más importante

Cuando organizo la iluminación para mis presentaciones, les digo a los técnicos que una persona en la última fila deberá poder ver si yo tengo un grano en mi cara desde donde ella esté sentada. Les insisto en que la iluminación del escenario debe ser tan perfecta como la de un quirófano. A menudo, ellos asienten y pretenden estar de acuerdo, pero en secreto piensan que uno no sabe lo que está diciendo. Por lo tanto, hay que ser insistente.

En muchos casos, el personal prepara el escenario y el podio enfocando las luces más que todo en las pantallas, no en iluminar por completo al orador. Es por eso que necesitas estar alerta con este detalle, porque sucede todo el tiempo. Insiste en que lo importante no es cómo se vean las pantallas. Lo importante es que haya luz en tu rostro.

## Llega con anticipación

Hace un par de años, estuve dando un seminario en Irvine, California. Duró toda la tarde y, como de costumbre, llegué a media mañana para poder ver y oír a los demás oradores, sobre todo a los que me precedían.

Cuando entré al salón, ubicado en un Hotel Hyatt de primera clase, este estaba medio iluminado, en penumbra, casi como la iluminación de un club nocturno, así que el orador de turno era visible, pero solo de una manera confusa y distante. Yo estaba horrorizado.

De inmediato, llevé a uno de los miembros del personal del hotel al salón. Le dije: «¿Hay alguna manera de que puedas aumentar la iluminación en este lugar?». Él dijo: «¡Oh! ¿Preferirías que la iluminación estuviera al máximo?».

Cuando le dije que sí, ahí mismo se acercó a un panel, tocó un par de botones y todo el salón quedó completamente iluminado, al igual que un salón de clase. El cambio me sorprendió y también a los presentes, pues se habían esforzado bastante por ver y captar el mensaje del orador durante las últimas dos horas.

## No es una actuación en un club nocturno

Esta frase se ha convertido en un estribillo común para mí. Siempre que voy a hacer una presentación, les digo a los técnicos que quiero que todas las luces estén encendidas al máximo. Repito y vuelvo a repetir: «Esta no es una actuación en un club nocturno».

Me sorprende ver cuántos técnicos de iluminación profesionales piensan que el orador quiere que la audiencia se oscurezca mientras él está tan iluminado que no puede ver a la gente debido a la luz deslumbrante en sus ojos. El otro problema con este tipo de iluminación es que la audiencia ve al orador más como un animador. La gente se sienta en silencio para disfrutar de su actuación, no queriendo hacer ruido alguno. Por consiguiente, los presentes no responden ni interactúan con él. Se sientan casi como topos asomándose por su agujero, mientras que el orador recibe toda la iluminación en el escenario.

Recuerda, a menos que seas un animador profesional en un club nocturno, lo ideal es que la iluminación sea tan buena como «las luces de cien velas a nivel de tu escritorio». Es decir, que todo el salón esté lo más luminoso posible, como si se tratara del aula de clase de una escuela. Lo que quieres es que la gente pueda verte; que los presentes se vean entre sí con claridad y que puedan tomar notas sobre el tema que estás explicando. Esto es esencial para el disfrute y la satisfacción de la audiencia.

## Controla el arreglo del salón

Las personas que instalan las sillas y las mesas cuando hay presentaciones suelen no ser muy bien pagadas. Algunas ni saben seguir las instrucciones que tan laboriosamente tú le has dado al personal encargado del arreglo del salón, así que su único objetivo es entrar, colocar las sillas y las mesas lo más rápido posible y salir de allí antes de que alguien les pida que hagan algún cambio.

### Supervisa la configuración del salón

Cuando estábamos realizando nuestros seminarios por todo el país, siempre pedíamos estar presentes cuando se fuera a preparar el salón de reunión. Sabíamos que habría una gran cantidad de errores que se cometerían y queríamos evitarlos mientras el personal todavía estuviera presente y disponible para hacer el trabajo pesado.

Infinidad de veces, nos dijeron que el salón estaría siendo utilizado en una función la noche anterior y que el personal de preparación llegaría a las 3:00 de la madrugada. Entonces, les decíamos: «Bien, eso significa que estaremos allá a las 3:00 a. m. para controlar su configuración». Una y otra vez, llegábamos a las 3:00 a. m. y el lugar ya estaba preparado. Invariablemente, estaba mal organizado y el personal ya se había ido. Eso se convertía en un gran problema, pues había que contactar a la gente para que regresara y volviera a organizar las mesas y sillas tal como lo habíamos solicitado desde el comienzo.

Nunca des por cumplida esta parte del contrato. Nosotros siempre escribimos instrucciones claras, junto con diagramas que les enviamos por correo a los organizadores de las reuniones. Después, los llamamos o nos reunimos con ellos en persona y acordamos los detalles, punto por punto, para que estos queden completamente claros.

## No supongas que todo está bien

Aun cuando hayas explicado hasta el más mínimo detalle y con exactitud milimétrica la forma en que deseas que el salón quede organizado, en casi todos los casos, la gente ignorará tus instrucciones o argumentará que no entiende lo que has pedido. Por eso, es fundamental llegar con suficiente antelación al salón para revisar y asegurarte de que se hagan todos los cambios del caso.

Parte de la razón por la que he tenido éxito como orador a lo largo de los años es debido a mi preocupación casi obsesiva en lo referente a la comodidad de la audiencia. Desde mi primer seminario, con siete personas, pensé mucho en que ellas pudieran verme claramente, junto con todo lo que iba a escribir. Es por eso que reorganicé las sillas y las mesas de tal modo que pudiera garantizarles la mayor comodidad y visibilidad posible.

A medida que mi audiencia fue creciendo, mi preocupación por su comodidad nunca disminuyó. Con el tiempo, terminé haciendo presentaciones frente a cientos de personas durante varios días y me volví muy sensible a esos pequeños cambios que hacen que la audiencia esté cómoda y se sienta mucho más feliz mientras escucha lo que voy a decir.

## Todos deberían verte fácilmente

Todas las personas del público deberían poder verte con claridad desde donde sea que estén sentadas. Esto requiere que, siempre que sea posible, organices las sillas en semicírculos, ubicándolas desde el escenario hacia atrás, muy parecido a un teatro de artes escénicas. Si es una audiencia mucho más numerosa, todos los asientos a ambos lados deben estar en un ángulo de cuarenta y cinco grados para que las personas sentadas en las sillas de atrás tengan visibilidad directa al orador sin esfuerzo alguno.

La primera fila debe estar lo suficientemente cerca como para que puedas extender la mano y casi tocar a los asistentes, así como ocurre con la primera fila en un teatro de artes en vivo, donde los actores suelen acercarse y saludar con la mano o abrazar a los miembros de la audiencia. Además, cuanto más lejos esté la primera fila, mayor será la distancia a través de la cual deberás proyectar tu energía y tu voz para hacer contacto con las personas que estén sentadas allá.

## Mantén unida a tu audiencia

Imagina que tu energía es una modalidad de electricidad y quieres crear un campo eléctrico, una conexión emocional y química con tu audiencia. Cuanto más cerca esté de ti la primera fila, más fácil te será generar esa conexión eléctrica que luego recorrerá a toda la audiencia.

Siempre que sea posible, no permitas que haya un pasillo central mientras estés hablando, pues tu energía correrá por el pasillo y hacia el fondo del salón.

En cambio, cuando tienes una serie de filas de personas frente a ti, la energía cae en cascada en la primera fila, como una ola en el océano. Esta atraviesa la audiencia, conectando con la gente, fila tras fila. Además, asegúrate de colocar los pasillos de acceso y salida a los lados para que las personas puedan sentarse o salir de sus sillas con facilidad. El caso es que, si tienes la opción, procura que no haya un pasillo central.

## Mueve los muebles hacia adelante

Muchas veces, los organizadores de los salones de reuniones piensan que te agradará más si ellos distribuyen las mesas y sillas por toda el área del salón. Sin embargo, esto no es lo más conveniente, pues a los asistentes no les importa qué tanto espacio haya a su alrededor. Lo que les interesa es el espacio que haya entre ellos y el orador que está en el escenario.

En el teatro, cuanto más cerca estén las sillas del escenario y de los actores o animadores, más costosas son. Hay una buena razón para esto. Cuanto más cerca esté la persona del orador, más fácil y agradable es escucharlo. Hay más intensidad, más emoción y más gusto al verlo de cerca y en persona.

No es raro que los organizadores de los salones de reuniones coloquen la primera fila de sillas y mesas a poca distancia del escenario. A esto es a lo que llamo la mejor razón por la cual hay que «gritar hasta el otro lado de la calle». Ahí es cuando tienes que realmente trabajar duro y proyectar mayores cantidades de energía para hacer contacto con tu audiencia. Esto es tanto difícil como innecesario.

Si llegas lo suficientemente temprano, podrás pedirle al personal del lugar que traiga la fila de mesas o sillas de atrás hasta la parte delantera del salón. A menudo, he requerido que traigan hasta tres filas de sillas y mesas al frente, pues lo que quiero es poder estar cerca de las personas, interactuar con ellas e incluso saludarlas con la mano y abrazarlas, si es el caso.

## Esparce las sillas

Un último punto con respecto a las sillas: las sillas estándar de los lugares de reuniones, de los hoteles o de las salas de conferencia fueron diseñadas cuando la persona promedio era más delgada que la gente de hoy. Por esta razón, si las sillas se ponen una al lado de la otra, la mayoría de los asistentes quedará hombro con hombro y algunos se sentirán aplastados si les toca estar en medio de gente pasada de kilos, ya sea a la derecha o a la izquierda o a ambos lados de ellos. No les quedará más remedio que permanecer sentados con los hombros encorvados hacia adelante durante toda tu charla.

Si tienes algún control sobre la forma en que se colocan las sillas, insiste en que las ubiquen espaciadas y que haya como mínimo unos doce centímetros o más entre silla y silla. Esto hará que la gente esté más cómoda, más relajada y más abierta y atenta a la calidad de tu mensaje.

Es difícil conectarse con una audiencia que se siente aplastada en sillas que son demasiado pequeñas para ellos, especialmente si la primera fila está ubicada a seis o nueve metros de distancia de donde tú estás hablando. A lo mejor, estos te parezcan detalles pequeños, pero son aspectos importantes para cada persona que se encuentra entre tu audiencia.

Cuando los miembros del personal encargado del arreglo del salón comiencen a quejarse de «los reglamentos contra el fuego», simplemente diles que consultaste con el jefe de bomberos y que él te aprobó esta configuración del salón. Eso los calmará y se dispondrán a ayudarte.

## Controla el escenario

La visibilidad es un factor determinante al momento de una charla o presentación de cualquier tipo. Cuanto mayor sea la audiencia, más alto debe estar el escenario.

Esta es la regla: la persona de la última fila debe poder observar la mitad superior de tu cuerpo, desde la cintura hacia arriba. Por lo tanto, cuanto más numeroso sea el público y cuanto más atrás vayan las sillas, más alto debe estar el escenario.

Notarás que, en los grandes teatros, el escenario es bastante alto. Va incluso por encima de las cabezas de las personas de las primeras filas. Hay una buena razón para esto y es que la gente va exclusivamente a ver a los actores o animadores, sobre todo, de la cintura hacia arriba.

A algunos oradores les gusta bajarse del escenario y caminar por la audiencia. Personalmente, creo que esto es agradable, pero ineficaz. ¿Por qué? Porque cuando el orador camina entre los miembros de la audiencia, el 80 % o el 90 % de la audiencia no puede verlo ni tiene ninguna conexión visible con su rostro. Tal vez sea entretenido para las personas que están cerca al orador, pero la mayoría de los presentes perderán el contacto con él.

## Revisa el sistema de sonido

A través de los años, los sistemas de sonido en los hoteles y en otras instalaciones han mejorado mucho. No obstante, como mencioné en el capítulo 8, la mayoría de los lugares de reuniones intentan ahorrar dinero comprando sistemas baratos al final de la construcción de la edificación. Luego, solucionan el problema recomendándoles a los organizadores de reuniones que ellos mismos lleven sus propios sistemas de sonido o que se los alquilen a otros hoteles o centros de convenciones. Es así como los sistemas de sonido de óptima calidad terminan convirtiéndose en una magnifica entrada de ganancias para los lugares en los que vas a estar haciendo tus presentaciones.

La mayoría de las empresas organizadoras de seminarios y de las organizaciones profesionales con las que trabajo contratan y traen su propio personal encargado del sonido. Esto siempre es preferible, aunque sea más caro. Gran parte de la gente que trabaja en hoteles pertenece a sindicatos y realmente no le importa mucho si el sistema de sonido es adecuado o eficiente para el orador. Eso es triste, pero cierto.

### Los micrófonos

Los mejores sistemas de sonido que se utilizan hoy en día consisten en un pequeño micrófono que se instala sobre la oreja y pasa por el costado de la mejilla. Es casi invisible para el público y suena por todo el salón con tanta claridad como la de una campana. Estos sistemas están cada vez más a disposición de los exponentes.

*El micrófono de solapa*

Hoy en día, las alternativas más comunes que se ofrecen son los micrófonos de solapa, ya sean inalámbricos o cableados. Los inalámbricos son mejores. Son fáciles de instalar y se enganchan en la corbata o en la solapa y listo. Este dispositivo está conectado a un amplificador que es controlado por la persona encargada del sonido y suele estar al lado o al fondo del salón. Este tipo de micrófono te permite desplazarte por todas partes y usar tus manos libremente.

El segundo tipo de micrófono de solapa, el cual insistí en usar hasta que la tecnología avanzó a su estado actual, es el micrófono cableado, que está conectado al sistema de sonido mediante un cable largo. Este tipo de micrófono no produce distorsión y suele ser excelente para dar toda una charla o seminario. Si tienes un cable lo suficientemente largo en este tipo de micrófono, también puedes caminar alrededor libremente y no habrá distorsión en el sonido.

**MARGARITA**

El micrófono de diadema también es una excelente opción. Este te permite hablar claro sin forzar tu voz, pues está directamente enfrente de tu boca. Pide que usen cinta adhesiva color piel para que la diadema se quede quieta y no esté «bailando» en tu cara. Mantén tus propias espumillas para cubrir el micrófono de diadema o pide que abran unas nuevas frente a ti, ya que no querrás usar una espumilla que estuvo a centímetros de la boca de otro orador por temas de salud e higiene. Descarta también las que uses después de cada conferencia.

*El micrófono de mano*

Este tipo de micrófono es ideal si estás haciendo una introducción o solo algunas observaciones. Ahora, si estás haciendo una presentación más larga, ese tipo de micrófono te limita el uso de esa mano. Te obliga a hacer todos tus movimientos corporales con una sola mano e interfiere con tu expresividad natural a medida que hablas.

Si utilizas un micrófono de mano, asegúrate de sostenerlo cerca de la boca, pero debajo de la barbilla, no en plena cara, pues le bloqueas a la audiencia la posibilidad de ver tu lenguaje facial. Asegúrate de mantener el micrófono presionado y en la posición correcta, de modo que tu voz se proyecte claramente hacia el público.

## Maneja bien el podio

Para muchas reuniones de negocios, te pedirán que hables desde un podio. Este tendrá uno o dos micrófonos incorporados y es esencial que los ajustes para que estén lo más cerca posible de tu boca. Luego, te paras en posición recta, ligeramente hacia delante y te aseguras de hablar siempre por el micrófono para que todos en la audiencia puedan escucharte.

Digo esto porque los oradores suelen estar demasiado alejados de los micrófonos instalados en los podios y no son conscientes de que de esa manera sus voces no se escuchan por todo el salón. Por eso, es imprescindible inclinarse —o enfocarse— ligeramente hacia adelante.

Resiste la tentación de apoyarte en el podio. Esa posición te da un aspecto descuidado y desgarbado, lo que sugiere que hay falta de certeza en lo que estás diciendo. Más bien, usa tus manos para manipular tus papeles o tus notas. De lo contrario, déjalas caer a tus costados o levántalas con naturalidad a medida que explicas tus puntos, pero sin tocar en absoluto el podio.

Aun mejor, párate junto al podio mientras hablas y ubícate detrás de él solo para echarles un vistazo a tus notas. Cuanto más tenga acceso la audiencia a verte de cuerpo entero, más a gusto se sentirá a lo largo de tu charla.

## El uso de los apoyos visuales

Cuando hablo durante más de sesenta minutos, siempre uso algún tipo de apoyo visual para ilustrar mis puntos clave. Hago esto porque el 70 % de los miembros de la audiencia procesa lo que oye solo si puede verlo. Muchas personas necesitan ver tus ideas por escrito.

Mi herramienta favorita es el proyector. El procedimiento consiste en que me ubico al lado de este y escribo en hojas de acetato que se proyectan en una pantalla ubicada detrás de mí. Cada vez que hago un comentario importante, enciendo el proyector y escribo el punto claramente y lo dejo ahí, fijo por unos minutos; luego, apago el proyector y continúo con mi charla. También utilizo este método para crear figuras con palitos y colocar otras ilustraciones que les den vida a mis puntos.

Mucha gente me ha criticado por utilizar un método de ilustración tan anticuado en una época en que PowerPoint está totalmente disponible para cualquiera que desee usarlo. Sin embargo, muchos se sorprenden al ver cuánto más agradable es una presentación en vivo, usando este método de ir escribiendo cada palabra o frase clave a medida que avanzo y enciendo y apago el proyector, comparado con hacer una presentación en PowerPoint.

**MARGARITA**

Hoy en día puedes hacer lo mismo que te está explicando Brian con un iPad y Apple Pen. Puedes escribir o dibujar y mostrar en pantalla en tiempo real lo que haces en tu iPad.

### Muerte por PowerPoint

Como mencioné, en la industria de la oratoria y las conferencias frente al público usamos la frase «muerte por PowerPoint». La razón de esto es que, cuando PowerPoint salió al mercado, muchos oradores lo adoptaron como el punto central para hacer sus presentaciones y se olvidaron de la importancia de sus voces y sus distintos tonos, así como de su lenguaje gestual y corporal, y de otros recursos propios de la oratoria. El PowerPoint recibía todo el peso del mensaje, pero el hecho es que no fue inventado con ese propósito.

Si usas PowerPoint o cualquier material visual, debes emplearlo como una herramienta que mantenga enfocada a tu audiencia en tu presentación y en ti. Cada vez que uso PowerPoint para ilustrar puntos clave con grupos pequeños, leo una línea a la vez. Hablo de esa idea y la explico antes de pasar a la segunda línea o ilustración. Por eso, nunca abro la diapositiva completa, porque sé que todos en la audiencia van a estar leyendo el contenido de arriba abajo a medida que hablo y no me prestarán atención.

### Asegúrate de estar en contacto visual con la audiencia

Cuando utilices PowerPoint, asegúrate de tener una computadora portátil frente a ti para que puedas ver lo que se está proyectando en la pantalla que haya detrás de ti o al lado tuyo. Nunca mires ni hables mirando a la pantalla, ni dándole la espalda a la audiencia. Más bien, mantén siempre el contacto visual con el público a medida que haces tu presentación. Cada vez que hayas terminado de leer un punto y desees explicarlo, presiona la tecla «B» y borra la pantalla para que todas las miradas vuelvan a ti.

### Recuerda la regla 5 x 5

Recuerda la regla 5 x 5 al usar PowerPoint: nunca escribas más de cinco líneas en cada diapositiva y nunca tenga más de cinco palabras en cada línea. Además, cada una de las palabras debe ser lo más larga posible para llenar la línea. Las personas que están en la última fila necesitan leer la pantalla fácilmente y asimilar los puntos clave de tu presentación.

Recuerda que el PowerPoint es un accesorio, un apoyo, no el centro del mensaje principal. Es apenas una herramienta para enfatizar y reforzar los puntos que estás planteando, especialmente cuando se trata de números.

### Rotafolios y tableros

Con audiencias pequeñas, puedes utilizar rotafolios o tableros, pero nunca olvides que la atención del público debe estar puesta en tu rostro, en tus gestos y en tus palabras. Si utilizas un rotafolio, prepáralo con antelación escribiendo allí tus puntos clave con lápiz. De ese modo, estos serán invisibles para la audiencia, pero tú podrás escribir con claridad y autoridad, como si lo estuvieras haciendo de memoria.

Cuando utilizas un rotafolio, después de haber expresado tu punto y una vez que la gente haya tenido la oportunidad de asimilar las palabras, frases, cifras o ilustraciones que hayas escrito o dibujado allí, dale la vuelta a la hoja sobre la cual acabas de escribir para una vez más tener una hoja en blanco. Esto ayuda a la audiencia a volver a centrarse en ti.

Otra forma de utilizar un rotafolio es escribir con antelación cada punto clave en hojas separadas. Antes de comenzar a hacer tu presentación, asegúrate de tener una hoja en blanco encima de ellas y frente la audiencia. Así, cuando vayas a usar el rotafolio por primera vez, levantas la hoja en blanco y quedará al descubierto tu primer punto o lo que sea que hayas considerado necesario escribir al respecto. Cuando le des la vuelta a esta segunda hoja, habrá una tercera hoja con el segundo punto y así sucesivamente.

Si utilizas una pizarra, una vez que hayas terminado de explicar cada punto clave, borra lo que hayas escrito para que la pizarra vuelva a quedar en blanco. De lo contrario, los ojos de tu audiencia estarán moviéndose de un lado a otro, como un limpiabrisas, entre tú y lo que hayas dejado escrito en el pizarrón.

En todo caso, lo que necesitas es que la audiencia se enfoque en ti sin distraerse con lo escrito o proyectado en el tablero o la pantalla.

### Revisa con atención

Si vas a utilizar PowerPoint o cualquier tipo de dispositivo eléctrico para hacer tu presentación, es fundamental que llegues con suficiente antelación y revises todo antes de subir al escenario. Te sorprenderá ver la frecuencia con la que los técnicos configuran las cosas de manera incorrecta. Te sorprenderá también la frecuencia con la que tus sencillas instrucciones son ignoradas o mal entendidas. Solo tienes una manera de asegurarte de que tu presentación transcurra sin problemas técnicos: configurando y probando los equipos antes de dirigirte al escenario y presentarte ante el público.

## Controla la temperatura

El 90 % de las veces que vas a hacer una presentación, la temperatura del salón es inadecuada. En algunos casos, es demasiado fría, pero casi siempre está demasiado caliente. La razón es simple: cuesta dinero generar la electricidad que impulsa al sistema de aire acondicionado. Una vez que un hotel te haya alquilado un salón de reuniones, incluido el costo de los servicios públicos, sus ingenieros reciben instrucciones de hacer todo lo posible para reducir el costo de electricidad correspondiente al salón. Esto implica apagar el aire acondicionado lo antes posible o no encenderlo.

Siempre hago hincapié en la importancia de garantizar que el salón esté fresco desde cuando la gente ingresa. Nunca deja de sorprenderme cuántos salones de reuniones están entre ochenta y noventa grados al comienzo de la charla y aparte de eso no hay nadie disponible para encender el aire acondicionado. Con frecuencia, los organizadores de reuniones tienen que gritar y protestar para que los administradores de esos lugares les consigan a alguien que encienda el aire acondicionado.

### No confíes en el personal de los centros de reuniones

A continuación, te daré un ejemplo de por qué antes de comenzar es necesario supervisar las instalaciones cuidadosamente. Hace algunos años, fui a dar un seminario en Boca Ratón. Después de gritar, discutir, suplicar y amenazar para que encendieran el aire acondicionado, el personal del lugar finalmente lo encendió. La temperatura estaba a un promedio de ochenta y cinco grados y la gente había comenzado a llegar. Cuando al fin empecé mi presentación, la temperatura había bajado a unos setenta y cinco grados. De repente, el sistema de aire acondicionado dejó de funcionar. Lo habían apagado. El salón quedó en silencio. Ahí mismo, la temperatura comenzó a subir y llegó a más de noventa grados. ¡Aquello fue increíble!

### La temperatura ideal

La mejor temperatura para el público es de unos sesenta y ocho grados Fahrenheit. Por debajo de eso, es demasiado fría y, por encima, el cerebro no funciona tan bien como debe. En todas partes del mundo tendrás que discutir, pelear, suplicar y amenazar a la gente del hotel o del centro de convenciones para que la temperatura del salón sea lo suficientemente adecuada como para que tu audiencia se sienta cómoda.

Es crucial que, cuando contrates un lugar de reuniones, incluyas una cláusula en el contrato que especifique una temperatura máxima de sesenta y ocho grados, algo así como: «No se realizará ningún pago por este salón si la temperatura sube por encima de los sesenta y ocho grados durante más de cinco minutos».

Algunos amigos míos que imparten seminarios a nivel nacional utilizan esta cláusula y aparte de eso tienen termómetros repartidos por todo el espacio, en las mesas de los distintos participantes, y los revisan con cierta frecuencia. Si uno de los termómetros sube por encima de los sesenta y ocho grados, llaman de inmediato al personal del lugar y se lo manifiestan. Les dicen que tienen tres minutos para solucionar el problema o si no desocupan el salón. De ese modo, se han ahorrado miles de dólares gracias al uso de estos dispositivos. Por supuesto, los administradores de estos lugares los odian.

Un último punto: cuando el centro finalmente acepte mantener la temperatura a sesenta y ocho grados, asegúrate de decir: «No se podrá cambiar esta temperatura acordada a menos que yo mismo dé mi permiso de manera específica y personal». Esto se debe a que siempre hay personas en la audiencia que tienen una piel delicada. Entonces, si la temperatura es de setenta y cinco grados, que es cuando comienza a parecerle sofocante a la mayoría de las personas, se quejarán de que está demasiado frío. Además, algunas personas con piel sensible suelen escabullirse en busca de algún empleado del lugar, exigiendo que suban la temperatura y luego vuelven a la reunión. No dejes que esto te pase a ti.

## Resumen

El salón de reuniones y el escenario son herramientas fundamentales para hacer una buena presentación. Cada uno tiene un efecto positivo o negativo en la impresión que causas a tu audiencia. Todo cuenta.

Por lo tanto, haz tu propia lista de control sobre el manejo de la luz, el escenario, el sistema de sonido y la temperatura. Revisa esta lista de verificación con el planificador de reuniones y hazlo con anticipación. Para esto, prográmate para llegar temprano y así poder revisar toda tu lista una vez más, junto con el personal del lugar.

Ten presente que siempre se cometen errores. Recuerda que los hoteles y lugares de reuniones no siempre te dirán la verdad. La señal de que las cosas están a punto de salir mal es cuando ellos usan las palabras clave: «No te preocupes por nada, nosotros nos encargaremos de todo». Por alguna razón, estas palabras terminan significando: «No haremos nada para cumplir con tus requisitos».

En caso de duda, pide siempre hablar con el gerente. Este es tu último recurso. Mientras que el personal solo está tratando de pasar el día y terminar su jornada de trabajo, el gerente suele estar preocupado porque tú vuelvas a contratar el lugar en futuras ocasiones. En caso de dudas, habla con quien haya que hablar y asegúrate de que te garanticen que todo saldrá bien.

Cuando has cuidado cada detalle posible, nadie se dará cuenta de ello, excepto tú mismo. Los miembros de la audiencia ni siquiera sabrán por qué se sienten cómodos en sus sillas ni por qué todos pueden ver al conferencista sin necesidad de esforzarse. Tampoco tendrán en cuenta que la temperatura fue agradable y que el sonido era óptimo. No sabrán exactamente por qué no tienen queja alguna ni serán conscientes de estas cosas, pero a nivel subconsciente, estarán agradecidos y te felicitarán por la gran presentación que hiciste.

CAPÍTULO 11

# Cierra con broche de oro. ¡Déjalos sin aliento!

*Haz tu trabajo con todo tu corazón y tendrás éxito.*
*¡Poca o ninguna será tu competencia!*

—ELBERT HUBBARD

Cada parte de la producción de una buena charla o seminario está bien pensada y planificada. La apertura capta la atención del oyente, el cuerpo se desarrolla punto por punto con transiciones suaves, y termina con poder y fuerza. Las dos partes más significativas y memorables de tu discurso son el principio y el final. El principio es donde se causa la primera impresión y se prepara el escenario para la charla, y el final es donde se une todo y se deja a la audiencia impactada e inspirada. Las palabras que pronuncies al principio y al final se recordarán más que cualquier otra cosa que digas.

En el capítulo dos hablamos de desarrollar tu charla con una secuencia lógica que lleve al oyente desde donde está al principio hasta donde quieres que esté al final, el «destino» de tu presentación. El destino se basa en el objetivo de la charla, el problema que se pretende resolver o la tarea que se intenta realizar. Cuando se empieza pensando en el final, cada parte de la charla se desarrolla de forma que una conduce a la siguiente. Al igual que una obra de teatro, una película o una canción, el guion de la charla se crea para conducir al público al destino elegido.

Tu capacidad para motivar e inspirar a tu audiencia a actuar depende de cómo cierres tu charla. En este capítulo aprenderás varias formas de cerrar tu presentación con un buen final. El final es lo que más influirá en el éxito de la charla, por lo que conviene memorizarlo, practicarlo y tener claro lo que se quiere que haga el público a continuación.

**—CHRISTINA**

Una buena presentación es como una buena obra de teatro, película o canción. Comienza llamando la atención del oyente, desarrolla punto por punto y luego cierra con fuerza.

Las palabras que dices al principio, y más que todo al final de tu presentación, serán recordadas por más tiempo que casi cualquier otra parte de ella. Algunos de los grandes discursos de la historia han terminado con palabras poderosas y conmovedoras que suelen perdurar en la memoria de la humanidad.

Por ejemplo, durante la Segunda Guerra Mundial, Winston Churchill conmovió a la nación con su homenaje a los pilotos de la Fuerza Aérea Real que lucharon y murieron en combate aéreo contra Alemania: «Nunca en la historia de la humanidad tantas personas les debieron tanto a tan pocos». A continuación, te daré algunos consejos sobre cómo impactar de manera inequívoca y firme al final de tu presentación.

## Planifica tu cierre palabra por palabra

Para asegurarte de que tu cierre sea lo más impactante y poderoso posible, necesitas planificarlo palabra por palabra.

Cuando te preguntes: «¿Cuál es el propósito de esta presentación?», tu respuesta debe incluir las acciones que desees que tus oyentes realicen después de oírte hablar sobre el tema desarrollado frente a ellos. Cuando tengas claro cuál es el resultado final que deseas obtener, será mucho más fácil diseñar una conclusión mediante la cual les pidas que actúen en consecuencia.

La mejor estrategia para terminar con éxito tu presentación es planificar tu cierre antes de planificar el resto del discurso. Luego, retomas y diseñas tu apertura de tal modo que esta sea la plataforma que prepare el escenario para desarrollar todos tus puntos hasta llegar a la conclusión. El cuerpo de tu charla es donde presentas tus ideas y vas construyendo el planteamiento de todo lo que deseas que la audiencia piense, recuerde y haga después de oírte.

## Termina con un llamado a la acción

Es especialmente importante decirles a quienes te escuchan lo que quieres que ellos hagan como resultado de los puntos que expusiste. Un llamado a la acción es la mejor manera para concluir tu charla con fuerza y éxito. Observa este ejemplo: «Tenemos grandes desafíos y grandes oportunidades y, con su ayuda, conquistaremos nuestras metas y haremos de este año ¡el mejor de nuestra historia!».

Digas lo que digas, imagina un signo de exclamación al final. A medida que te acerques a la conclusión, recupera tu energía y tu ritmo. Habla con fuerza y énfasis hasta exponer tu cierre. Independientemente de si los miembros de la audiencia están de acuerdo contigo o van a disponerse a hacer lo que les pides, debe quedarles perfectamente claro lo que les estás solicitando.

## Concluye con un resumen

Existe una fórmula sencilla para concluir una presentación. Primero, di todo lo que tengas que decir. No lo pienses dos veces: solo dilo. Luego, explícalo. A medida que se acerque el final de tu presentación, di algo como: «Permítanme reafirmar brevemente estos puntos principales...». Luego, enumera uno por uno tus puntos clave, repitiéndoselos al público, mostrándoles cómo cada uno de ellos se enlaza con los demás. El público siempre aprecia que el orador le haga un recuento lineal de lo que acaba de exponer. Además, así dejas claro que estás llegando al final de tu charla.

## Cierra con una historia

Cuando llegues al final de tu exposición, puedes decir: «Para cerrar, voy a contarles una historia que ilustra a la perfección todo lo que les he estado diciendo». Entonces, cuentas una historia breve, que tenga una moraleja y explicas cuál es su aplicación práctica. No dejes que los presentes tengan que adivinarla.

Siempre es bueno terminar con una historia que ilustre tus puntos clave y luego la vinculas claramente al mensaje que les diste a lo largo de tu discurso. Este es un buen ejemplo:

> Había una vez, hace muchos años, dos amigos del este decidieron ir al oeste a hacer fortuna, buscando oro. Al llegar allá, compraron la que parecía ser una tierra prometedora y comenzaron a cavar. Durante un año completo, ambos trabajaron siete días a la semana, cavando cada vez más y más profundo, pero todo lo que encontraban eran rocas sin valor. Cansados y desanimados, le vendieron su terreno a otro buscador de oro por unos pocos dólares, hicieron las maletas y regresaron al este con el fin de conseguir empleo y comenzar una nueva vida.

Pasó el tiempo y un día se enteraron de que el hombre que les compró llevó a un ingeniero de minas a la propiedad para evaluarla. Resultó que, después de algunos estudios, el ingeniero concluyó que había oro en el suelo, pero que los anteriores buscadores habían estado cavando en la dirección incorrecta. Predijo que, si el nuevo propietario excavaba en diferente dirección, encontraría oro.

Aconteció entonces que, a solo medio metro de donde ellos habían abandonado su propósito de encontrar oro, un nuevo minero encontró una veta madre que le representó más de cuarenta millones de dólares a lo largo de los siguientes años. ¿Se imaginan? Los dos mineros habían abandonado demasiado pronto su cometido, en gran parte, porque no pusieron a su alcance la experiencia de un ingeniero de minas que los guiara.

Al oír lo sucedido, ambos tomaron una decisión radical que cambió sus vidas y finalmente los hizo muy exitosos. Resolvieron que, por el resto de sus días, se esforzarían un poco más, profundizarían un poco más y contratarían los servicios de los mejores expertos en cualquier proyecto empresarial que decidieran realizar.

Damas y caballeros, nosotros también estamos buscando oro. El potencial que tenemos es ilimitado. Compartamos nuestro conocimiento unos con otros como equipo, profundicemos más, esforcémonos más y nunca nos demos por vencidos hasta tener éxito.

## Hazlos reír

Otra forma de cerrar es haciendo buen uso del humor. Cuenta un chiste que haga referencia al tema y repite la lección o el punto principal que estás planteando con una historia que haga reír a todos.

Durante mis charlas sobre planificación y perseverancia, explico cuál es el mayor enemigo que tenemos, que es la tendencia a seguir el camino que nos ofrezca menor resistencia. Luego, cuento esta historia:

John y Steven están cazando en Minnesota. De repente, le disparan a un ciervo y dan en el blanco. Entonces, comienzan a arrastrarlo por la cola hasta el camión, pero siguen resbalando y perdiendo no solo el agarre del animal, sino el equilibrio.

Un granjero que los ve en la faena se les acerca y les pregunta: «¿Qué están haciendo, muchachos?».

Ellos le responden: «Estamos arrastrando al venado hasta el camión».

El granjero les dice: «Se supone que no se debe arrastrar un ciervo por la cola, sino por las asas que Dios le dio. Se llaman astas. A un ciervo se le arrastra por las astas».

Al oír esto, John y Steven le contestan: «Muchas gracias por tan buena idea».

De inmediato, comienzan a arrastrar al ciervo por las astas. Después de unos cinco minutos, ven que están progresando rápidamente y John le dice a Steven: «Steven, el granjero tenía razón. Es mucho más fácil por las astas».

Steven le responde: «Así es John, pero veo que nos estamos alejando cada vez más del camión».

Cuando las risas en el auditorio se calman, digo: «La mayoría de las personas está maniobrando en la vida de la manera más fácil posible. Lo que pasa es que muchos están cada vez más lejos del "camión" en el que llevan sus verdaderas metas».

## Haz tu cierre con poesía

Elige un poema. Hay muchos buenos poemas que contienen mensajes que resumen los puntos clave que deseas resaltar. Selecciona uno que sea impactante, dramático o emotivo.

Hace algunos años, pronuncié el panegírico en el funeral de un querido amigo que murió de un tumor cerebral. Durante su juventud, fue piloto en la Segunda Guerra Mundial y nunca olvidó sus experiencias en África del Norte, así que decidí que, después de hablar de los grandes aportes que hizo a su familia, a sus amigos y a su comunidad, leería el poema *The Airman*, que termina con unas palabras que se refieren a un aviador que ha muerto. Dice así: «Y rompió las ataduras de la tierra y tocó el rostro de Dios».

Aquella fue una excelente manera de resumir la esencia de la vida de un gran hombre y terminar con una nota que inspirara a los asistentes.

## Cierra con inspiración

Finaliza diciendo algo inspirador. Si hiciste una presentación edificante, recuerda que vivir con esperanza es y siempre ha sido la principal religión de la humanidad. A la gente le encanta sentirse motivada e inspirada a ser o hacer algo diferente y mejor en el futuro.

Recuerda, todos los miembros de tu audiencia están afrontando problemas, dificultades, desafíos, decepciones, reveses y fracasos temporales. Por esta razón, todo el mundo aprecia escuchar una historia o un poema que brinde aliento, que genere fortaleza y dinamismo.

Durante años, concluí mis presentaciones con el poema El desertor, escrito por Robert W. Service. Siempre fue bien recibido por la audiencia.

Cuando cuentas una historia o recitas un poema, debes convertirte en actor. Tienes que reducir el ritmo y añadirles emoción y dramatismo a tus palabras. Practica todas las técnicas de este libro. Eleva el tono de tu voz al leer una línea clave del poema y luego bájalo cuando estés diciendo algo que es íntimo y emocional. Acelera el ritmo de vez en cuando a medida que avanzas en tu lectura, pero recuerda leer lenta y dramáticamente en las partes en las que quieras hacer más énfasis.

En especial, duplica el número de pausas que sueles utilizar en una conversación. Hazlas antes o después de cada parte clave, al final de ciertas líneas, de tal modo que la audiencia digiera cada palabra y pueda ir al mismo ritmo tuyo. Sonríe si la línea es divertida y muéstrate serio si la línea es más profunda o emocional.

Cuando llegues al final de tu presentación, asegúrate de elevar tu voz en la última línea, en lugar de bajarla. Recuerda marcar el «signo de exclamación» al final.

## Haz obvio que tu presentación terminó

Cuando digas tus últimas palabras, haz que sea evidente para todos que llegaste al final de tu intervención. No debe haber ambigüedad o confusión en tu audiencia. Los presentes deben saber que este es el final.

Muchos oradores simplemente dejan que sus presentaciones lleguen a su fin. Cierran diciendo algo como: «Bueno, esto fue todo. Gracias». Decir eso no es nunca una buena idea; ese no es un final poderoso y enérgico. Por el contrario, le resta credibilidad e impacto a tu participación.

Cuando hayas concluido, disciplínate para permanecer allí perfectamente erguido. Escoge una cara amigable entre la audiencia y mira fijo a esa persona. Si es apropiado, sonríe en señal de que tu discurso ha llegado a su fin.

Resiste la tentación de organizar tus anotaciones, de acomodarte la ropa o el micrófono. No te muevas hacia adelante ni hacia atrás ni hacia los lados, ni hagas cualquier otra cosa excepto permanecer allí, firme como un árbol.

## Déjalos aplaudir

Cuando hayas terminado tu presentación, los miembros de la audiencia querrán aplaudir. Lo que necesitan de tu parte es una señal clara de que ahora es el momento de empezar a hacerlo.

Algunas personas reconocerán antes que otras que ese es el fin de tu presentación. En muchos casos, cuando haces tus últimos comentarios y dejas de hablar, los miembros de la audiencia se quedan en completo silencio. Es posible que no estén seguros de si ese es el final. Quizás, están procesando y analizando tus comentarios finales. A lo mejor, no saben qué hacer hasta que alguien de repente decide hacer algo.

En los siguientes segundos, que a menudo te parecerán minutos, la gente aplaudirá. Primero, uno; luego, otro; y luego toda la audiencia comenzará a aplaudir. Cuando alguien lo haga, mira a esa persona, sonríele y dile: «Gracias».

A medida que más y más personas aplauden, pasa lentamente de una persona a otra, asintiendo, sonriendo y diciendo: «Gracias». Llegará el momento en que todo el público aplaudirá.

## Una ovación de pie

Si hiciste una presentación excelente y realmente te conectaste con tu audiencia, alguien se levantará y aplaudirá. Cuando eso pase, mira a esa persona y dale las gracias. Entonces, los demás se animarán y también se pondrán de pie para seguirte aplaudiendo.

No es raro que el orador concluya sus comentarios, permanezca allí en silencio, y toda la audiencia continúe sentada y también en silencio. Pero lo cierto es que, mientras el orador permanece en el escenario, esperando que la audiencia se dé cuenta de que su intervención terminó, una por una las personas comienzan a aplaudir y muchas veces se van poniendo de pie una por una.

Si la primera fila de la audiencia está cerca de ti, da un paso o inclínate hacia adelante y estrecha la mano de esa primera persona que se puso de pie para aplaudir. De alguna manera, cuando saludas de mano a alguien que forma parte de la audiencia, muchas otras personas allí sienten que les estás estrechando la mano y felicitándolas también a ellas. Por consiguiente, también se pondrán de pie y aplaudirán. Pronto, toda la audiencia estará de pie y aplaudiendo.

Ya sea que recibas una gran ovación o no, si tu presentador regresa al escenario para agradecerte en nombre de la audiencia, sonríe y estrecha su mano cálidamente. Si es apropiado, dale un abrazo de agradecimiento, saluda de manera amistosa al público y luego hazte a un lado y dale el escenario al presentador.

## El poder de hablar bien

Tu capacidad para hablar eficazmente en cada situación empresarial o social suele tener un efecto extraordinario en tu vida. Atraerá la atención de personas influyentes que están en posición de ayudarte y abrirte puertas. Te servirá para conseguir mejores trabajos e incluso un ascenso más rápido.

Sobre todo, te servirá para realizar presentaciones efectivas, tanto a grupos pequeños como grandes; aumentará tus sentimientos de autoestima, respeto propio y orgullo personal. Cuando sabes que eres capaz de influir en otros y persuadirlos de diversas maneras, generas en tu interior una tremenda sensación de poder y logro personal.

Y la mejor noticia de todas es que estas habilidades se pueden aprender con práctica y repetición. ¡No hay límites!

**MARGARITA**

Además de todas las maneras poderosas que te enseñó Brian de cerrar con broche de oro en un escenario, tenemos también las transmisiones en vivo a través de redes sociales como Instagram, LinkedIn, Facebook, YouTube y TikTok. Si tu objetivo es solamente compartir información, puedes usar cualquiera de las técnicas que te enseñó Brian, pues todas son muy poderosas. Sin embargo, cuando haces una transmisión que tiene contenido de valor, pero cierra con una oferta para vender tu producto o servicio, o con un llamado a la acción puntual, como por ejemplo anotarse a un desafío gratuito, hay algo que te va a ayudar mucho a elevar la conversión y a que más personas pasen a la acción, y es responder preguntas sobre el tema que enseñaste o sobre tu oferta. Hacer eso aclara las dudas de los participantes y permite que más personas acepten tu oferta o se anoten a tu evento. También es emocionante cuando las personas te escriben en los comentarios que ya compraron o se anotaron. Felicítalos y si es posible hazlo con nombre propio.

Recuerda que cuando tu comunicación es a través de la tecnología, tu audiencia está comentando en tiempo real durante toda tu presentación, a no ser que apagues los comentarios. Mi recomendación es que al principio les digas que estarás enfocado en proveerles contenido de mucho valor y que si al final quedan dudas, con gusto se las responderás.

### Manejo de los malos comentarios

De vez en cuando entrará alguien a tu transmisión en vivo y empezará a hacer comentarios negativos o incluso de muy mal gusto. Ignóralos. Las mismas personas de tu audiencia generalmente los callan, pidiéndoles respeto o que se retiren. Un miembro de tu equipo debe estar conectado a la transmisión también para que si alguien irrespeta el ambiente, pueda sacarlo de la conferencia e incluso restringirle permanentemente el acceso. Si aún no tienes mucha experiencia, te recomiendo asignarles a otros los comentarios o desactivarlos hasta el final. Comunícale a tu audiencia que encenderás los comentarios al final de tu charla para tener quince minutos de preguntas.

La inteligencia emocional juega un papel muy importante, ya que estas transmisiones abiertas permiten un acceso general y pueden ocurrir estas situaciones. Respira y enfócate, no le des el poder a una persona herida (la gente herida, hiere) de robar tu atención. Continúa enfocado en servir al 99 % que está allí para aprender de ti. Hay una frase fantástica de Publilio Siro que puedes recordar en situaciones que inciten en ti emociones negativas: «Si quieres un imperio, gobiérnate a ti mismo». Nadie puede hacerte sentir mal sin tu permiso, enfócate en todas las personas que estás sirviendo y no le rentes espacio en tu mente a quienes sean negativos, ni un segundo, no lo merecen.

Dicho esto, quiero aclarar que estas situaciones son escasas y que es probable que no tengas que enfrentarlas. Pero si algún día sucede, ya estarás preparado y tendrás a alguien de tu equipo conectado y atento.

## Resumen

Tus palabras finales durante una presentación pueden llegar a tener un impacto determinante en tu audiencia. Elegidas cuidadosamente, harán que aquellos que te escuchan piensen, sientan y actúen de manera diferente a como habrían hecho las cosas sin tu influencia. Habrá veces en que tus palabras cambiarán vidas.

CAPÍTULO 12

# Cómo hacer presentaciones de ventas persuasivas

*No pasa nada hasta que alguien vende algo.*

—RED MOTLEY

Independientemente de que hagas presentaciones de ventas en tu empresa, todo el mundo se dedica a vender y persuadir. Este es un comportamiento universal que se manifiesta en las relaciones personales, los negocios y las interacciones cotidianas. Como dice Daniel Pink, «vender es humano».

Hablar en público y vender tienen tres cosas en común: hay que generar confianza, reducir el miedo y presentar las ideas con eficacia. Hablar en público consiste en presentar una idea, mientras que vender se basa en establecer una relación persuasiva. En ambos casos, el resultado final como orador o vendedor es convencer a alguien para que emprenda una acción que no habría llevado a cabo sin escuchar tu presentación.

Te ganas la confianza construyendo credibilidad, y si quieres persuadir a alguien para que esté abierto a tu oferta, la confianza es esencial. Cuando hablas ante una audiencia o haces una presentación de ventas, se fijan en tu aspecto, escuchan lo que dices y observan lo que haces. Cada interacción aumenta o disminuye tu credibilidad.

Las personas le compran a la gente que conocen, les agrada y en la que confían. Por eso es importante desarrollar relaciones basadas en la confianza. Mientras más bien le caigas a la gente y más confíen en ti, más abiertos estarán a tus ideas y más dispuestos se mostrarán a hacer lo que les pidas. Aprenderás a construir tus relaciones desarrollando la capacidad de escuchar y haciendo las preguntas adecuadas.

Un orador necesita ser un buen vendedor, igual que un vendedor necesita ser un buen orador. En este capítulo vamos a enseñarte el proceso de ventas en siete pasos. Exploraremos técnicas para que te sientas más seguro de ti mismo y te mostraremos herramientas para navegar por el aspecto emocional de las ventas, superando el miedo al rechazo. Por último, y probablemente sea la parte más importante de las ventas, aprenderás a cerrar la venta.

**—CHRISTINA**

Todo el mundo está en el negocio de vender. La única pregunta es: ¿qué tan bueno eres en eso de las ventas? La mayoría de la gente teme vender debido al alto potencial de rechazo y fracaso que implica el hecho de intentar que alguien compre algo. Como resultado, la idea de estar «en el mundo de las ventas» es traumática para la mayoría de las personas.

Como mencioné en el capítulo 3, la gente le teme al fracaso y al rechazo. Debido a que a veces esos temores pueden llegar a tener tanta importancia en nuestros pensamientos y sentimientos, estructuramos gran parte de nuestra vida de tal modo que podamos evitar vernos en situaciones en las que sean posibles tanto el fracaso como el rechazo.

Las personas eligen relaciones generadoras de un alto nivel de aceptación. Prefieren trabajos en los que haya una baja probabilidad de fracaso o rechazo. Construyen sus relaciones sociales asociándose con otros que los acepten «tal como son».

## La persuasión es la clave

No obstante, todo el mundo está involucrado en ventas de algún tipo. Unos están queriendo persuadir a otros de sus puntos de vista y viceversa. Incluso si se trata del simple hecho de conseguir que su cónyuge salga a cenar a un determinado restaurante o de hacer que sus hijos se vayan a la cama a la hora indicada, todo el mundo está tratando de hacer una venta.

Por supuesto, la gente no piensa acerca de sí misma en estos términos. Por ejemplo, una vez estaba haciendo una presentación frente a un auditorio lleno de contadores sénior que trabajaban con una importante firma internacional. La empresa me había invitado a hablar sobre técnicas de persuasión, de modo que empecé preguntando: «¿Cuántas personas aquí están vinculadas al mundo de las ventas?».

El salón quedó completamente en silencio. Una de las razones por las que los contadores suelen elegir esa profesión es porque nunca tendrán que venderle nada a nadie y el potencial de rechazo en ese medio es muy bajo, así que la idea de vender no se les ocurre nunca.

Hice una pausa por un segundo y luego dije: «A lo mejor no hice la pregunta con suficiente claridad. ¿Cuántas personas aquí son *realmente* conscientes de que trabajan en ventas?».

Después de unos segundos más de silencio, el más alto ejecutivo de la organización cayó en cuenta de lo que yo estaba preguntando y de inmediato levantó despacio su mano; luego, miró a su alrededor. Como los otros contadores vieron al mejor de ellos con su mano en alto, uno por uno fueron dándose cuenta de que ellos también estaban involucrados en el mundo de las ventas.

## Todos están en las ventas

Luego, les pregunté: «¿Cuántos de ustedes están aquí porque tienen la capacidad de generar nuevos negocios para la empresa? ¿Qué tanto de sus ingresos y su capacidad de promoción depende de su concentración para aumentar el número de clientes de la empresa y su facturación anual?».

Sin dudarlo, todos levantaron la mano. Yo proseguí, diciendo: «Aquí todo el mundo se dedica a las ventas. La única pregunta es: ¿qué tan buenos son todos y cada uno de ustedes para vender? Es por eso que, a continuación, les daré algunas ideas que les ayudarán a ser mucho más persuasivos al trabajar con clientes corporativos tan o más escépticos de lo que ustedes han sido hasta este momento».

**MARGARITA**

Muchas personas crecen con creencias limitantes sobre las ventas, y yo, a pesar de que mi papá era comerciante, no fui la excepción. Pensaba que vender era estafar, mentir o manipular. Que era recibir rechazos constantes y que las personas les huían a los vendedores. Nada está más lejos de la verdad.

### Vender es servir

Me enamoré de las ventas cuando entendí que vender es una profesión de servicio. Si alguien tiene un problema y yo se lo resuelvo con mi producto o servicio, es un ganar-ganar. La persona resuelve el problema y el vendedor gana dinero. O quizás la persona no tiene un problema, pero quiere lograr una meta y yo, con mi producto o servicio, puedo ayudarla a que lo logre. Ambos ganamos. Es una profesión hermosa y muy rentable, pero para que funcione a quien primero debes venderle es a ti.

## Ama lo que vendes

Jamás vendería un producto o servicio que no usaría yo misma o no le recomendaría a mis seres más queridos. Una vez que encuentres ese «algo» que amas, debes vendértelo nuevamente todas las mañanas antes de ofrecérselo a un cliente potencial. Yo, por ejemplo, empiezo mi día repasando los testimonios de muchas personas a las que hemos ayudado con mi empresa, Pasos al Éxito, a escalar en sus negocios, y aprendan a vender o dominar el *marketing*. Cuando leo frases como «Gracias a tu entrenamiento, no solo mantuve el empleo de diez personas a las que iba a dejar ir, sino que he contratado a cuatro más», o «Gracias, Margarita, por enseñarme a vender. He triplicado mis ingresos y pude sacar a mi familia de una zona de guerra», vuelvo a enamorarme de lo que hago. Sí, estos son testimonios reales, y al volver a leerlos recuerdo que es mi deber, mi obligación, compartir mis servicios, pues sé cuánto ayudan a los dueños de negocios a mejorar grandemente sus vidas y las de sus equipos. Entonces, a la primera persona a quien debes venderle es a ti mismo. Debes estar absolutamente convencido de que tu producto o servicio resuelve X problemas o ayuda a lograr X metas. Recuérdatelo todos los días y amarás compartirlo con aquellos que lo necesiten. Más adelante, Brian te explicará los siete pasos de la venta profesional, los cuales te serán muy útiles.

## Ama las ventas

Amar las ventas y dominarlas no solo te generará clientes y amigos, sino que cambiará tu situación financiera para siempre.

Entiende esto, vivimos en un mundo comercial. A ti te vendieron hoy muchas cosas: internet, alimentos, telefonía celular, combustible, electricidad, agua, este libro, en fin... No existe ni existirá una empresa exitosa sin ventas altas. El corazón de tu negocio son las ventas.

En una ocasión, Robert Kiyosaki, autor de *Padre rico, padre pobre,* recibió una petición interesante de parte de una entrevistadora. Al terminar la entrevista, la mujer le comentó que quería escribir un libro, y ya que él era uno de los autores más vendidos del mundo, le gustaría que le diera un consejo. Kiyosaki le dijo: «Aprende a vender». La mujer, en un tono defensivo, le respondió que no le interesaba vender y prosiguió a nombrarle sus títulos y sus estudios. Kiyosaki le contestó: «¿Ves la portada de mi libro? Dice el mejor vendido, no el mejor escrito». Lamentablemente, la joven periodista se marchó y no entendió la sabiduría que llevaba el consejo que acababa de recibir.

Si tienes un negocio, grande o pequeño, recuerda esto: la cura para todo son las ventas.

## Promociónate a ti mismo y a tus ideas

Hablar en público es una forma de vender, y los mismos principios que aplicas para hacer una presentación de venta aplican también al arte de hablar en público. Después de todo, cuanto más los miembros de una audiencia se conecten contigo, logres agradarles y confíen en ti, menores serán sus temores para aceptar tu mensaje. Cuanto más confíen ellos en ti, más receptivos estarán a tu influencia. Cuando la gente confía completamente en ti, seguirá cualquier recomendación que tú hagas. Al igual que ocurre al vender, el propósito de hablar con cualquier persona o grupo es persuadir a la gente a pensar y actuar de manera diferente a como lo haría sin tu influencia.

Siempre tienes una opción: puedes ser persuasivo e influyente o puedes ser dócil y pasivo. Puedes conseguir que la gente coopere contigo o puedes ser tú quien estés de acuerdo con la gente y decidas cooperar con ella. La elección es tuya.

La buena noticia es que vender es una habilidad que se puede *aprender*. Los mejores vendedores de hoy alguna vez fueron malos vendedores. Mucha gente en la cima del 10 % superior en las ventas actualmente comenzó siendo parte del 10 % inferior. Esto significa que, con práctica y repetición, puedes aprender las principales habilidades que se requieren para tener éxito en las ventas: persuadir, comunicar e influir eficazmente. Todas estas y otras habilidades se pueden aprender.

## Reduce el miedo, aumenta tu eficacia

Ya mencioné que el ser humano le teme por naturaleza a ser manipulado y a que le saquen ventaja. Nadie desea que le vendan algo que no quiere ni necesita ni puede usar o no puede pagar. Nadie desea que lo convenzan de algo de lo que sabe que después se arrepentirá.

Entonces, cada vez que te acerques a un cliente potencial para promocionar tu producto, servicio o idea, esta persona ya está condicionada —por experiencias pasadas— a ser cautelosa, a dudar y a sentir desconfianza. Por lo tanto, activas en ella un temor automático a cometer un error. Tu primer objetivo en toda conversación de ventas es reducir ese temor de tu posible cliente y remplazarlo con confianza en ti.

A veces, le pregunto a mi audiencia: «¿Cuál es la palabra más importante en las ventas y en la vida social? ¿Cuál es la que determina cuánto vendes, qué tan rápido lo vendes, cuánto ganas, cuál es tu nivel de vida, la manera en que vives y prácticamente todo lo que logras en tu trabajo y a nivel social?».

Casi invariablemente, se produce un largo silencio. Entonces, les doy la respuesta: «*Credibilidad*». La palabra más importante para el éxito en los asuntos públicos, la oratoria, las ventas y los negocios es *credibilidad*. Cuanto más te cree una persona, más abierta estará a que la persuadas.

## Todo afecta tu credibilidad

Piensa en un balancín de aquellos en los que jugabas durante tu infancia cada vez que ibas al parque. Cuando contactas a un posible cliente por primera vez, un extremo de este balancín imaginario está muy alto, pues representa los temores de esa persona que no quiere terminar cometiendo un error si hace negocios con alguien que no conoce, en este caso, contigo. El otro extremo del balancín está abajo. Ese es tu nivel de credibilidad al principio de la interacción.

Todo lo que hagas desde el primer momento en que estableces contacto bien sea por teléfono, por correo electrónico o personalmente, afectará para bien o para mal el nivel de credibilidad de esa persona en ti. ¡Todo cuenta!

La forma en que hablas, caminas, te vistes, das la mano e interactúas con el cliente potencial aumenta o disminuye tu credibilidad. Para que realices una venta, para que el cliente potencial acepte tu recomendación, sus miedos deben disminuir y tu credibilidad debe aumentar a un nivel tan alto que esa persona quiera interactuar contigo y sienta cada vez más confianza en ti.

Decimos que «a todos nos gusta comprar, pero a nadie le gusta que lo vendan». Todo el mundo es escéptico, desconfiado y cauteloso con las ofertas de cualquier tipo y con cualquier intento de ser persuadido a hacer o pensar algo diferente de lo que ya está haciendo. Todos hemos sido embaucados de alguna manera y estamos decididos a no volver a caer. La forma de reducir estos miedos en un posible cliente es aumentando su credibilidad en ti.

## Siete pasos para hacer una venta eficaz

El proceso más adecuado para hacerle una venta a una persona o a un grupo consta de siete pasos. Cuando hables de tener éxito en una situación de venta, al igual que cuando hables de tener éxito ante una audiencia, es aconsejable implementar estos siete pasos lógicos. Si omites alguno de ellos, fracasarás en tu venta o en cualquier intento de persuasión.

### 1. Prospección

El primer paso para tener éxito en las ventas es saber hacer prospección. Es decir, saber encontrar personas que puedan y quieran comprar tu producto o servicio dentro de un período razonable de tiempo. La prospección comienza cuando determinas con exactitud cuál es el perfil de tu cliente ideal. ¿Cuál es su edad, ocupación, nivel de educación y campo laboral? Además, ¿qué tanta es su experiencia con lo que tú vendes?

Cada año, las empresas gastan fortunas en estudios de mercadeo para determinar con la mayor precisión posible quiénes tienen más probabilidades de comprar sus productos o servicios. Antes de vender o hablar en público, necesitas tener absolutamente claro cuáles son las características de la audiencia a la que intentas persuadir.

*Los cuatro requisitos de un buen prospecto*

Como ocurre con las audiencias de cualquier tipo, existen cuatro requisitos que un cliente potencial debe tener antes de estar dispuesto a que ejerzas tu influencia sobre él (o a comprar lo que tú estás vendiendo).

En primer lugar, el cliente potencial debe tener una *contrariedad* que no ha podido solucionar. Una «insatisfacción» o un área de malestar que le molesta o lo hace infeliz. Antes de comenzar a venderle, debes identificar con la mayor exactitud posible cuál es esa contrariedad que tiene tu prospecto ideal y cómo tu producto o servicio se la solucionará.

En segundo lugar, un buen prospecto es alguien que tiene un *problema* que no ha solucionado. A veces, este problema es claro para el cliente potencial. Otras veces, no es tan claro. Y en algunos casos, ni lo nota. Cualquiera que sea el caso, debes tener bien definido cuál es el problema que tu producto o servicio resuelve de forma definitiva y rentable para ambas partes.

En tercer lugar, el cliente potencial tiene una *necesidad* que aún no ha cubierto y requiere de algún tipo de mejora en su vida que tu producto o servicio brinde. ¿Cuál es la necesidad que tu producto o servicio ofrece?

Cuarto, un buen prospecto es alguien que tiene una *meta* que aún no ha logrado. Tu trabajo es determinar qué meta o mejora logra tu producto o servicio de una manera oportuna y rentable para tu cliente potencial.

*Prospectos reales versus dudosos*

En una presentación de ventas, lo primero que debes hacer es separar a los prospectos verdaderos de los que apenas sospechas que podrían serlo. Para esto, tu objetivo es hacer preguntas que te permitan determinar la contrariedad, el problema, la necesidad y la meta que tenga cada persona. Esta información te permite saber a ciencia cierta si tu producto o servicio, en realidad, está diseñado para aliviar el problema o erradicarlo del todo. La regla dice: «Si tu producto o servicio no cubre una necesidad, no habrá venta».

Sin embargo, incluso en presentaciones que no son de temas directamente relacionados con las ventas (es decir, en reuniones, seminarios y convenciones empresariales), tus comentarios de apertura deben abordar uno o más de estos cuatro aspectos antes mencionados y sugerir que tu respuesta o solución está en lo que presentarás a continuación.

*Plantea el problema claramente desde el principio*
Una de las formas más comunes de iniciar una charla cuyo objetivo es que tus prospectos crean en tu producto, servicio o experiencia es diciendo algo como:

> Según la industria de los seguros, de 100 individuos que hoy están trabajando, el 1 % de ellos será rico a los sesenta y cinco años, el 4 % estará en una situación financiera cómoda y el 15 % tendrá algo de dinero ahorrado. El otro 80 % estará muerto, arruinado, dependiendo de su pensión o aún estará trabajando. A continuación, te mostraré cómo estar entre ese 5 % superior y tener suficiente dinero para que nunca más tengas que preocuparte por tu estabilidad financiera.

## 2. Genera simpatía y confianza

Estableces buenas relaciones con tus prospectos haciéndoles preguntas inteligentes con respecto a lo que cada uno de ellos está haciendo hoy en su vida particular y empresarial, y luego escuchando atentamente sus respuestas.

Generarás confianza y ejercerás tu influencia al explicarles cómo tu producto o servicio ha ayudado a otras personas que han estado en la misma situación en la que ellos se encuentran. Lo mismo ocurrirá con los miembros de tu audiencia.

Las preguntas son fundamentales para establecer relaciones interpersonales de calidad. Si haces preguntas amplias y francas, le demuestras al cliente potencial que en verdad estás interesado en lo que él piensa y siente, que te importa su situación.

Escuchar genera confianza. Cuanto más atento escuches a otra persona después de hacerle una pregunta, más le agradarás, más confiará ella en ti y más sensible estará a recibir tu influencia.

*¿Qué les gusta a los compradores?*

La Asociación Nacional de Gestión de Compras, que está compuesta por miles de ejecutivos cuyo trabajo es comprar miles de millones de dólares en productos y servicios para sus empresas, realiza cada año una encuesta entre sus miembros. Esta consiste en dos preguntas: ¿Qué es lo que más te gusta de los vendedores que te contactan? ¿Qué es lo que menos te gusta de ellos?

Año tras año, las respuestas son las mismas. Los compradores profesionales manifiestan que les gustan los vendedores que les hacen buenas preguntas, que escuchan atentamente sus respuestas y que tratan de ayudarles a tomar buenas decisiones de compra. Luego, también año tras año, la respuesta típica que ellos dan con respecto a lo que menos les gusta de los vendedores es: «Los peores vendedores hablan y hablan de sus productos y servicios, nunca me hacen preguntas ni tampoco me escuchan cuando intento decirles lo que necesito».

*Escucha a tus prospectos*

Escuchar disipa la desconfianza y la sospecha, reduce los temores de la persona o del grupo con el que estás hablando y aumenta tu credibilidad. Cuando te conviertes en un excelente oyente, agradas a la gente, las personas confían en ti y están más dispuestas a que las convenzas de comprar tu producto o servicio.

Hablar no es vender. Solo cuando estás haciendo buenas preguntas estás vendiendo. No te hace falta inteligencia para hablar tonterías de tu producto o servicio. En cambio, la necesitas para tomar una característica o un beneficio de lo que vendes y formularlo como una pregunta, provocando que el prospecto piense específicamente en tu producto o servicio y en cuál podría ser su respuesta adecuada a esa pregunta.

*Formula una afirmación en forma de pregunta*

En lugar de decir: «Esta fotocopiadora produce la sorprendente cantidad de treinta y dos copias por minuto», dices: «¿Sabes cuántas copias produce en promedio una fotocopiadora? Puede que te sorprenda saber que dieciocho. Sin embargo, debido a la avanzada tecnología que hemos desarrollado, esta fotocopiadora produce treinta y dos copias por minuto». Cuando presentas un dato después de haberlo formulado como una pregunta, es mucho más poderoso que si simplemente lo hubieras presentado como una afirmación.

Cuando hablo ante audiencias de cualquier tamaño, siempre formulo preguntas y hago una pausa en espera de saber qué responde el público. En muchos casos, las audiencias no tienen las respuestas, pero la tensión dinámica que se crea con el silencio que hago después de lanzar una pregunta atrae la atención de los presentes y hace que ellos estén atentos a todas y cada una de mis palabras. De ese modo, se enfocan aún más en el tema. Luego, les doy la respuesta como si esta fuera un hecho sorprendente. A ellos les encanta este método de preguntas y respuestas cuando se trata de que les presentes información.

*Céntrate en la relación*

Theodore Leavitt, de la Escuela de Negocios de Harvard, afirmó: «Toda venta en el siglo veintiuno será del tipo relacional». Lo que esto significa es que la calidad de la relación que estableces con un cliente o una audiencia es el factor más importante para determinar qué tan influyente y persuasivo eres.

Esto se debe a que *las emociones distorsionan las apreciaciones*. Cuanto más le agrades a una persona y más confíe ella en ti, mejor percibirá tu producto o servicio; más sentirá que lo que le estás vendiendo es de mayor calidad y vale más dinero; más indulgente será con tus competidores; más positivamente responderá a todo lo que hagas y digas.

## 3. Identifica las necesidades con precisión

Las dos primeras partes del proceso de venta, determinar que se trata de un prospecto genuino y establecer simpatía y confianza en la relación de esa persona contigo, te permitirán ser convincente en la conversación de ventas. Pero es solo hasta que el cliente y tú se pongan de acuerdo en que el primero tiene una información genuina y una necesidad inmediata que tu producto o servicio pueda satisfacer, que va a interesarse de verdad en tu producto, servicio o idea.

Nunca asumas. Incluso si muchos de tus clientes tienen la misma necesidad que tus prospectos, nunca supongas que un prospecto en particular tiene exactamente la misma necesidad que otras personas con las que has hablado.

*Adopta la posición de «doctor en ventas»*

Cuando estés haciendo tu trabajo de ventas, ponte en la posición de «doctor en ventas». Si acudes a un médico de cualquier área de especialización, él te guiará a través de un proceso de tres partes.

Primero, te hará un *examen* exhaustivo, compuesto por una variedad de pruebas: revisará tu presión arterial, tu pulso y tu temperatura; luego, te hará una serie de preguntas sobre tu condición física presente y pasada.

Después que el médico haya completado este examen, él pasará a la segunda parte del proceso, que es hacer un *diagnóstico*. Un buen médico te explicará cuáles fueron los resultados del examen y luego te preguntará si estos coinciden con tus síntomas.

Si estás de acuerdo con el diagnóstico, el médico pasará a la tercera parte de la consulta, que es darte la *prescripción* o el tipo de tratamiento a seguir. Si el doctor te atendiera y de inmediato empezara a darte recomendaciones o una fórmula médica sin examinarte ni hacer un diagnóstico previo, esa sería sin duda una mala práctica médica.

*Primero, identifica la necesidad*

Del mismo modo, cuando hablas con un cliente potencial o con una audiencia y asumes de inmediato que lo que ellos quieren y necesitan es lo que tú estás vendiendo, antes de haber hecho un examen, estás haciendo una mala práctica de ventas.

Cuando el prospecto acepte que tiene una contrariedad de la que quiere deshacerse, un *problema* que quiere resolver, una *necesidad* que quiere satisfacer o una *meta* que desea alcanzar, solo entonces podrás presentarle tu producto o servicio como la opción ideal para lo que le está ocurriendo.

Si comienzas a hablar sobre tu producto o servicio antes de que todo eso ocurra, ten la seguridad de que acabarás con cualquier interés que pueda tener tu cliente potencial en ti, en lo que le estás diciendo y en tu producto o servicio. Por el contrario, se «apagará» y perderá su interés por escuchar tus recomendaciones.

## 4. Haz la presentación

Teniendo en cuenta lo anterior, la cuarta etapa de la venta es que presentes tu producto o servicio de manera persuasiva y como la opción ideal para tu posible cliente. Tu producto o servicio no tiene por qué ser perfecto. Simplemente, tiene que ser la mejor opción que el prospecto tiene en el momento para resolver su problema o lograr su meta.

Una buena presentación de un producto o servicio incluye la información que obtuviste cuando estabas identificando las necesidades de tu prospecto. Luego, le muestras paso a paso cómo puede resolver el problema o lograr su meta usando tu producto o servicio. Sin embargo, tu presentación no debe enfocarse en tratar de *persuadir* a la persona, sino en *mostrarle* que tu producto o servicio es la opción ideal para resolver su problema.

A medida que presentas cada característica y beneficio de tu solución, pregúntale al posible cliente si cada una de estas cosas tiene importancia y sentido para él. Los buenos vendedores piden retroalimentación en cada etapa del proceso. Los malos vendedores hacen la presentación enfocándose solo en las bondades de sus productos y servicios y, al final dicen: «Bueno, ¿qué opinas?».

Lo cierto es que, cuando no le das suficiente tiempo a tu cliente potencial para procesar la información que le presentas, él no tendrá más que decir algo como: «Bueno, se ve bastante bueno, déjame pensarlo bien». Lo que esto significa es que él sigue sin estar convencido. Las palabras «Voy a pensarlo bien» o «Déjeme pensarlo», son el lenguaje que el cliente usa para decirte: «Adiós para siempre».

La gente no «lo piensa bien». Esta es solo una forma educada de decir: «Hiciste tu presentación demasiado rápido para mí y no veo por qué ni cómo debería comprar tu producto o servicio en este momento, pero gracias por venir».

### 5. Responde a las objeciones

La quinta etapa de la venta profesional es responder a las preguntas, inquietudes u objeciones del cliente potencial. No hay ventas sin objeciones. Debido a la amplia gama de experiencia que un cliente potencial ha tenido en el pasado, casi siempre te hará una serie de preguntas con respecto al precio, los términos, las condiciones, la calidad, la competencia, la idoneidad y la utilidad de lo que le estás ofreciendo.

Según mi experiencia, los vendedores mejor pagados son aquellos que se han tomado el trabajo y el tiempo de pensar en cada objeción lógica que un posible cliente podría hacerles y han desarrollado una respuesta clara y convincente a todas y cada una de esas objeciones. Entonces, cuando el cliente plantea su objeción, el vendedor la reconoce y felicita al prospecto por mencionarla; luego, le explica por qué eso no es un motivo válido para no proceder a hacer su decisión de compra.

Por su parte, los malos vendedores siempre están improvisando. Cada vez que escuchan una objeción, es frecuente que se molesten y se enojen o no estén seguros de cómo responder. Como resultado, pierden venta tras venta.

## 6. Cierra la venta

La sexta parte de la venta es cerrarla. Lo lograrás al decirle al cliente potencial que ha llegado el momento de hacer su decisión de comprar.

En golf dicen: «El golpe largo es para impresionar, pero el corto es para ganar». En ventas, todo lo que has hecho hasta ahora equivale a «golpear para impresionar». Tu éxito final estará determinado en gran medida por tu capacidad para ayudar al cliente potencial a superar cualquier duda y tomar una decisión de compra firme.

*El cierre con invitación*

Quizá, la forma más sencilla de cerrar cualquier venta sea diciendo: «¿Tienes alguna pregunta o inquietud que yo no haya cubierto?». Cuando el cliente potencial dice «no», es tu momento de utilizar el cierre invitándolo a hacer su decisión de compra. Le dices algo como: «Bueno, entonces, ¿por qué no lo intentas? ¿Por qué no le das una oportunidad a mi producto?». Si vendes un producto de alto valor (automóviles, muebles o vivienda), primero dirás: «¿Cómo te parece hasta aquí?». Cuando el cliente dice: «Me parece bastante bien», le dices: «Bueno, entonces, ¿por qué no lo adquieres?», o «¿Por qué no lo compras?».

El cierre con invitación es el más fácil de todos y es extremadamente eficaz cuando el cliente potencial está convencido de que obtendrá el beneficio que él quiere de lo que sea que le estés vendiendo.

*El cierre dirigido*

Otra poderosa técnica para terminar la venta es el cierre dirigido. Al cerrar, vuelves a preguntar: «¿Tienes alguna pregunta o inquietud que todavía no he cubierto?».

Cuando el cliente dice «no», tú asumes que ha dicho «sí», y luego prosigues: «Bueno, entonces el siguiente paso es...» y le describes el plan de acción para comprar y tomar posesión del producto o servicio que le estás vendiendo. Por ejemplo, podrías decir: «Bueno, entonces, el siguiente paso es que firmes estos dos formularios y gires un cheque por 2.995 dólares a nombre de la empresa. Así, llevaré todo esto a la oficina para ordenar tu pedido y configurar tu cuenta. Te entregaremos el producto el miércoles en las horas de la tarde. ¿Qué te parece?».

El poder del cierre dirigido está en que mantengas la iniciativa y el control de la conversación. Que concluyas la venta o transacción.

*Cerrar es un arte que puedes aprender*

Al vender, muchas personas superan las primeras cinco fases de venta y luego, cuando llega el momento de pedirle al cliente que haga una decisión de compra, entran en una forma de semiparálisis, como un venado atrapado en medio de una carretera. Se paralizan. Su ritmo cardíaco aumenta. Se ponen nerviosos y tiemblan ante el potencial del rechazo que conlleva pedirle a un posible cliente que compre su producto o servicio.

Pero eso no es para ti. Tu trabajo es aprender a cerrar la venta y luego practicar una y otra vez hasta que puedas hacer la solicitud del pedido sin problemas, eficientemente y con calma en cada situación.

*Solicita la decisión de compra*

Hace años, cuando vendía unas tarjetas de descuento para restaurantes e iba de oficina en oficina ofreciéndolas, solía hacer una presentación entusiasta. Sin embargo, cuando llegaba el momento de pedir que compraran, me quedaba paralizado por completo. Luego, decía torpemente: «Bueno, ¿qué te gustaría hacer?».

Todos los clientes me decían lo mismo: «Bueno, está bastante bien. Déjame pensarlo. Llámame». Después de unas pocas semanas, había gente por toda la ciudad *pensando en mi producto*, pero mi teléfono *nunca* sonaba. Insisto, pronto aprendí que las palabras «*déjame pensarlo*» o «*llámame*» significan que el cliente va a despedirse sin comprar nada.

Un día, tuve una revelación. Me di cuenta de que el problema no era ni mi producto ni el posible cliente. El problema era yo. Mi miedo a lanzar la pregunta de cierre estaba frenando mis ventas. Entonces resolví, desde ese día en adelante, que no me desanimaría frente a un buen prospecto.

A la mañana siguiente, entré en la oficina de un cliente potencial e hice mi presentación. Él asintió, sonrió y dijo: «Bueno, suena bastante bien. Le echaré un vistazo. ¿Por qué no me llamas la próxima semana?».

Entonces, me armé de valor y le dije: «Yo no hago seguimiento por teléfono». Él me miró fijamente y me dijo: «¿Qué dijiste?». Le repetí: «Que no hago seguimiento por teléfono. Ya sabes todo lo que necesitas saber para tomar una decisión de compra. ¿Por qué no te decides?».

Luego, me dijo esas palabras mágicas que cambiaron mi carrera de ventas. «Bueno, ya que no vas a llamarme, te lo compraré ahora mismo». El cliente firmó el formulario para hacer el pedido y me dio el dinero. Salí de aquella oficina caminando en las nubes.

De inmediato, me dirigí a la siguiente oficina, hice mi presentación, y cuando el cliente potencial dijo: «La propuesta está buena, ¿por qué no me llamas la próxima semana?», ahí mismo le dije: «Lo siento, yo no hago llamadas de seguimiento. Ya sabes todo lo que necesitas saber para tomar una decisión de compra ahora mismo. ¿Por qué no la tomas de una vez?».

Y lo hizo. Él también se decidió y lo mismo el siguiente cliente y el siguiente y el siguiente. A partir de ese momento, le vendí a casi todo el mundo. Hablé con muchas personas. Vendí más en un solo día de lo que había vendido en toda una semana. Empecé a solicitar la decisión de compra.

### *El rechazo no es personal*

En retrospectiva, me di cuenta de que el problema era mi miedo y mi incapacidad para hacer la pregunta final. En muchos casos, tu miedo al rechazo en tus actividades de venta puede llegar a ser tan fuerte que hace que fracases incluso con un cliente potencial muy interesado en tu propuesta.

Una de las claves para superar el rechazo es darte cuenta de que eso no es algo personal. Si la gente es negativa hacia ti o hacia lo que estás vendiendo, eso no tiene nada que ver con tu calidad como persona y lo más probable es que ese «no» tampoco esté relacionado con la calidad de lo que estás vendiendo. Con lo que sí tiene que ver es con el hecho de que el cliente potencial creció en una sociedad comercial en la que tiene que rechazar muchas ofertas comerciales o se vería abrumado tomando demasiadas decisiones de compra. El rechazo no es una cuestión personal.

### 7. Hacer más ventas y obtener referencias

El séptimo paso en la venta es hacer más negocios con tus clientes satisfechos y pedirles referencias. Para lograr este objetivo, debes cuidar bien de ellos después de la transacción, sobre todo, después de que ellos toman la decisión de comprar.

*Evita que el comprador se arrepienta*

Es justo después de que el cliente ha decidido comprar cuando más se arrepiente del negocio y cambia de opinión. Tienes que estar preparado para esto.

Los mejores vendedores y clientes piensan mucho en cómo tratar al cliente después de la venta. Por eso se enfocan más que antes en que el cliente se sienta muy satisfecho no solo con el producto, sino también con el servicio y con la forma en que se le entrega y se le instala el producto (si es el caso). Lo hacen porque saben que todo este buen trato hará que el cliente desee volver a comprarles y además recomendarlos a sus amigos.

*Las ventas más fáciles y rentables*
Es diez veces más fácil volver a venderle a un cliente satisfecho que hacerle una venta a alguien que nunca te ha comprado nada. Esto significa que necesitas una décima parte de tiempo, dinero, gastos y esfuerzo para venderle otra vez a un cliente establecido que para comenzar desde cero y encontrar uno nuevo. Esto se debe a que ya has generado un alto nivel de credibilidad entre tus clientes satisfechos.

Del mismo modo, es quince veces más fácil venderle a una persona referida por uno de tus clientes satisfechos que a través de una llamada en frío en la cual también tienes que empezar desde cero. Esto significa que solo requieres de una quinceava parte de tiempo, dinero y esfuerzo para venderle a un referido. La razón es que, cuando llamas a alguien a quien ya te han recomendado, estás aprovechando la credibilidad que hay hacia ti por parte del cliente que te refirió. Esta persona ya confía en ti y cree en la calidad de lo que vendes. Lo único que tienes que hacer es ser muy claro acerca de la necesidad o problema específico que el posible cliente tiene, mostrarle que tu producto o servicio llenará esa necesidad y le resolverá ese problema. Y lo más importante: solicita el pedido.

## Venderles a grupos: presentaciones a equipos

Hoy en día, más que simplemente hacer una venta en la que contactas a una sola persona encargada de la toma de las decisiones de compra para hacerle la presentación de tu producto o servicio, tendrás que presentarte frente a varias personas a la vez.

Cuando tienes que hacerle una presentación a un equipo, ya seas tú solo o junto con otras personas de tu empresa, hay ciertos pasos que debes seguir.

### Descubre cómo toma la empresa la decisión de compra

Primero, identifica la estructura jerárquica de la empresa u organización a la cual vas a contactar. ¿Cómo se toman allí las decisiones de compra? ¿Cómo lo han hecho hasta ahora? ¿Cuáles son las principales consideraciones que ellos tienen en cuenta en el momento de tomar la decisión de compra de tu producto o servicio?

Así como cada persona tiene una estrategia de compra, cada empresa también tiene la suya. A veces, a las empresas les gusta hablar con diferentes vendedores. A algunas empresas les gusta desarrollar un alto nivel de confiabilidad y establecer una relación con un solo vendedor para hacer negocios con esa persona. A menudo, la estructura empresarial es tan sólida que varias personas quieren reunirse con el vendedor y sentirse seguras de que esa es la persona adecuada para satisfacer las necesidades de la empresa. Cualquiera que sea el caso, tu trabajo es preguntarle a tu contacto inicial cómo se toman este tipo de decisiones en esa organización.

### Identifica a las personas clave

Antes de hacer una presentación ante un equipo, infórmate acerca de quiénes serán las personas que estarán en la reunión. Averigua sus nombres, sus cargos y cuáles son sus preocupaciones. Aún mejor, llama a cada una de esas personas y pregúntales qué es lo que más les interesa y qué les gustaría lograr en la reunión.

Recuerda que la marca de todo profesional es su óptimo nivel de preparación. En este caso, la preparación más importante que puedes hacer es descubrir la necesidad empresarial que deben resolver las personas frente a las cuales hablarás. ¿Qué consideran ellas que es lo más importante para tomar o respaldar una decisión de compra de este tipo?

### Averigua quién toma la decisión final

En cada decisión de compra por parte de un equipo siempre hay una persona encargada de decir que sí. Todos los demás pueden decir que no. Tu trabajo es identificar al que toma las decisiones finales; a ese miembro del equipo que puede autorizar o desautorizar la decisión de compra. Unas veces, esa persona estará al frente de la situación y te hará muchas preguntas. Otras, esa persona se sentará en silencio y les permitirá a los otros miembros de su equipo que te hagan las preguntas. Lo cierto es que debes saber quién es el encargado de la toma de decisiones y dirigirle tus comentarios más que todo a esa persona a lo largo de tu presentación.

### Descubre cuál es la necesidad esencial

En cada decisión de compra hay una necesidad prioritaria que el cliente debe estar convencido que solucionará con tu producto o servicio. Esa certeza será la que lo llevará a hacer la compra.

Antes de hacer tu presentación, deberías preguntarle a alguien de la empresa en qué consiste esa necesidad. La pregunta crucial aquí es: «¿Qué es lo único de lo que la gente de tu empresa debe estar convencida para comprar mi producto o servicio?».

### Descubre la objeción primordial

Descubre cuál es el obstáculo, la objeción principal para que se realice la venta. ¿Qué es lo que frenaría al cliente o haría que no te comprara a ti?

La respuesta a esta pregunta se basará en la situación actual del cliente, así como en sus necesidades y en sus experiencias pasadas. Si tienes un contacto en la empresa, trata de preguntarle: «¿Cuál es el principal obstáculo que causaría que se pospusiera o no se confirmara nunca este tipo de decisión de compra?».

Si estás dispuesto a realizar la venta, debes tener listas todas las respuestas posibles a las preguntas de tus clientes potenciales. Debes saber con exactitud qué es lo que ellos más quieren y necesitan, así como esas objeciones que podrían hacerlos dudar o retrasar su decisión de compra. Sabiendo eso, ya puedes hacer énfasis una y otra vez en el beneficio que recibirían, a medida que les muestras cómo ese beneficio clave eliminaría el obstáculo o el miedo que ellos tengan a hacer el negocio contigo.

## Habla como un vendedor profesional

Cuando te presentes frente a una audiencia, sobre todo si estás tratando de conseguir que la gente acepte tus recomendaciones, piensa cómo utilizar estas siete partes del proceso de venta profesional. Te ayudarán a desarrollar una mayor claridad y eficacia en tus presentaciones.

Determina cuál es el problema que tiene la audiencia y cómo tu producto o servicio lo puede solucionar. Identifica también la necesidad que la audiencia tiene y piensa cómo pueden satisfacerla tus recomendaciones. Por último, identifica cuál es esa meta que ellos tienen y que tus recomendaciones podrían ayudarles a lograr.

### Genera simpatía y confianza

Tómate un tiempo al comienzo de tu presentación para establecer una buena relación y confianza con el público. Hazles preguntas a los miembros de la audiencia y dales tiempo para que respondan, ya sea en voz alta o para sí mismos. Sé cálido, amigable, cordial y muéstrate evidentemente feliz de estar con ellos. Esta actitud construye una buena relación y credibilidad. Además, dispone a las personas a interesarse y concentrarse en tu mensaje.

### Aclara en qué consisten sus necesidades

Ayuda a los miembros de la audiencia a tener claridad sobre cuáles son, en concreto, las necesidades que tienen. Recuerda que al principio muchos prospectos ni siquiera saben que tienen una necesidad que tu producto o servicio puede satisfacer. Es solo cuando les haces preguntas y observaciones precisas que ellos se dan cuenta de que quieren y necesitan lo que les estás ofreciendo.

### Presenta tus ideas con claridad

Presenta tu producto o servicio como la opción ideal para la audiencia. Demuestra que hay dos o tres maneras de satisfacer su necesidad o resolver su problema y en qué forma es tu recomendación la mejor para este grupo en este preciso momento.

### Aborda sus preocupaciones

Plantea objeciones y preocupaciones diciendo: «En este punto, la gente suele preguntar...» y señala cuál suele ser esa objeción o ese motivo para no hacer la decisión de compra. Luego, di: «Esto es muy fácil de resolver. Lo que hacemos para satisfacer esta preocupación es...».

### Haz un llamado a la acción

Al final de tu presentación, pídele a la audiencia que haga algo. No es suficiente con terminar tu intervención y simplemente dejar que culmine. Es tu deber hacer una declaración contundente y pedirle a la gente que haga algo que quizá no habría hecho sin tus recomendaciones. La acción que tú quieres que la gente tome en ese mismo momento debe ser clara para todos y cada uno de los miembros de la audiencia, tal como debe quedar claro para tus posibles clientes. Habla con ellos sobre cuánto mejor estarán después de que hayan aceptado tus recomendaciones. Este es el momento ideal para enfocarte en hacer nuevas ventas, reventas y pedir referencias.

En última instancia, las personas cambian solo porque sienten que estarán mejor que ahora. Así que tus comentarios finales deberían enfatizar cuánto mejor serán las cosas para los miembros de tu audiencia después de que acepten adquirir tus productos y servicios.

## Resumen

Cada conversación es, de alguna manera, una presentación de ventas, y al igual que la posibilidad de hablar en público, cada presentación de ventas es un intento de persuadir a las personas a actuar de manera diferente a como lo harían en ausencia de tus comentarios, productos y servicios. Cuando dominas las habilidades que se requieren para hacer una presentación de ventas, estás en camino a convertirte en un integrante del 10 % superior de los vendedores exitosos en tu campo de acción.

# Acerca de los autores

Brian Tracy es uno de los principales oradores de negocios de Estados Unidos, un autor superventas y uno de los principales consultores y formadores en materia de desarrollo profesional en el mundo de hoy. Se dirige a 250.000 personas cada año y habla con ellas sobre temas que van desde el éxito personal y el liderazgo hasta la efectividad gerencial, la creatividad y las ventas. Ha escrito más de 40 libros y ha producido más de 350 audios y programas de aprendizaje en video. Gran parte del trabajo de Brian se ha traducido a otros idiomas y se utiliza en 52 países. Es coautor, junto con Campbell Fraser, del Programa de Mentoría y Entrenamiento Avanzado y del Programa de Excelencia en Entrenamiento.

Brian ha sido consultor de más de 1.000 empresas, entre las cuales se encuentran: IBM, McDonnell Douglas y The Million Dollar Round Table, entre otras. Además, ha entrenado a más de 2.000.000 de personas. Sus ideas están probadas, son prácticas y de acción rápida. Sus lectores, los asistentes a sus seminarios y sus clientes de entrenamiento aprenden con él una serie de técnicas y estrategias que pueden utilizar de inmediato para obtener mejores resultados tanto en su vida personal como en sus carreras.

**MARGARITA PASOS** es una conferencista, escritora, empresaria e inversionista colombo-americana que ha sido reconocida como la mejor *coach* de vida por la asociación de locutores de México y como una de las 25 latinas más poderosas del 2023 en Estados Unidos por la revista *People en español.* Margarita no solo ha compartido escenario con Brian Tracy, sino también con otras leyendas como Tony Robbins, John Maxwell, Daymond John del programa Shark Tank, Don Francisco, Les Brown y Gary Vee, entre otros. Es miembro del consejo de negocios de la revista *Forbes*, y las cadenas Telemundo y NBC la han reconocido como mujer imparable en el 2025. Es cofundadora con su esposo, Alejandro Pasos, de Pasos al Éxito, una empresa que se dedica al entrenamiento de dueños de negocios para lograr que sus empresas alcancen activos de 7, 8 y hasta 9 cifras. También ofrecen cursos presenciales en sus oficinas centrales en Miami y digitales a nivel global en temas como liderazgo estratégico y *marketing*.

**DRA. CHRISTINA STEIN.** Es conferencista, autora y psicoterapeuta, que se enfoca en el equilibrio entre la vida y el trabajo. Se especializa en ayudar a individuos y parejas a llevar vidas apasionadas y auténticas. Después de iniciar su práctica privada en 2006, y de obtener varios títulos en psicología y certificaciones adicionales, descubrió un hilo definitorio: la gente, que en el fondo quiere sentirse profundamente conectada en sus relaciones. Su misión es enseñarles cómo hacerlo. A través de sesiones privadas individuales o de pareja, talleres y conferencias, la Dra. Stein enseña a hombres y mujeres estrategias para superar los bloqueos emocionales que impiden el crecimiento personal.

Ya sea en su trabajo con los clientes o en su pasión por la enseñanza, la Dra. Stein es única en su capacidad para guiar a individuos y parejas a descubrirse a sí mismos.

## Universidad de Ventas y Emprendimiento Brian Tracy

Brian Tracy University ofrece una serie completa de programas prácticos y probados que han sido aplicados con éxito por más de 1.000.000 de estudiantes en 46 países, basándose en su trabajo con más de 1.000 empresas.

Hay cuatro facultades de estudio para elegir:

1. *Facultad de ventas y gestión de ventas.* Este programa de estudio te muestra cómo duplicar y triplicar tus ventas. Recibirás una certificación como profesional en ventas.
2. *Facultad de emprendimiento y éxito empresarial.* Aprenderás herramientas y técnicas que necesitas para construir una empresa altamente rentable y de rápido crecimiento. Obtendrás una certificación en excelencia empresarial.
3. *Facultad de administración y liderazgo.* En este programa de liderazgo de alto desempeño aprenderás cómo reclutar, contratar, gestionar, motivar y formar un equipo superior de personas excelentes. Obtendrás un certificado de maestría en administración.
4. *Facultad de rendimiento personal.* Aprenderás a establecer y lograr metas y prioridades, a desarrollar tu autoestima y confianza en ti mismo, a resolver problemas y tomar mejores decisiones. Obtendrás una certificación en excelencia personal.

En una hora semanal, mediante videos, audios, CD, DVD, libros y ejercicios, puedes convertirte en una de las personas más capacitadas y mejor pagadas del mundo en tu campo de acción. Visita Briantracyu.com hoy y realiza una evaluación GRATUITA para descubrir tus fortalezas y debilidades, y aprender cómo lograr la excelencia personal en todo lo que haces.

Universidad Brian Tracy
462 Avenida Stevens, Suite 202
Solana Beach, CA 92075
(866) 505-8345